나는 상담심리사입니다

이 책에서 설명하는 직업의 명칭은 상담자, 상담전문가, 상담심리사
혹은 상담심리전문가를 혼용하여 쓰고 있습니다.

나는 상담심리사입니다

허지은 지음

상담심리전문가로

살며 배우며

성장한다는 것

바다출판사

차례

내 마음을 두드리는 사람들

이 세상에서 부유한 사람은 상인이나 지주가 아니라,
밤에 별 밑에서 강렬한 경이감을 맛보거나
다른 사람의 고통을 해석하고 덜어 줄 수 있는 사람이다.
_알랭 드 보통

유독 내 마음을 두드리는 사람들은 남들과 잘 어울리지 못해서 외로워 보이는 사람들이었다. 안타까운 마음에 그들 곁에 다가가 앉으면 어느새 마음 깊숙이 꽁꽁 싸매어 놓았던 아픔들을 열어 보여 줬다. 하나하나 펼쳐 보여 주는 그들의 여린 마음 곳곳에는 날카로운 유리 조각들이 박혀 있었다. 그때는 어떻게 해야 할지 몰라 함께 펑펑 울기도 하고 하늘을 보며 함께 소리치기도 했다. 그래서일까? 사소한 잡담은 내게 재미없다 못해 지루했다. 친구들과 카페에 앉아서 잡지책을 보며 유행하는 패션에 대해, 드라마 주인공에 대해 이야기하는 것보다 한 사람을 깊이 있게 만나는 시간이 훨씬 소중하게 다가왔다.

상담실에서 만나는 사람들은, 친구나 선후배로 만나온 지인들보다 더 깊고 오래된 상처를 가진 사람들이 많았다. 아동부터 성인까지 연령은 다양했지만, 아픔은 결코 나이에 비례하지 않았다. 지금까지 살아온 게 기적 같을 정도로 너덜너덜해진 심장을 움켜쥐고 찾아온 사람들. 나는 지금 당장 그들을 회복시키지는 못하더라도 응급처치만큼은 정확하게 할 수 있는 실력을 갖추어야 했다. 나의 편견이나 부족함이 그 아픔을 품지 못해서 그들이 거부당하는 느낌을 받지 않도록. 또다시 그들에게 상처를 주지 않도록. 더 나아가 마음이 아픈 사람들의 다양한 이슈들을 정확하게 이해하고 효과적으로 돕기 위해서 지금도 꾸준히 노력하고 있다.

그렇게 사람을 이해하고 상담을 잘할 수 있도록 나 자신을 다듬고 훈련하는 데 집중하느라 정신없이 앞만 보고 달려왔다. 아직도 한참 더 달려야 할 것 같은데 지난 세월 동안 끊임없이 받아온 질문들이 자꾸만 발길을 멈추게 한다.

상담을 하려면 어떻게 해야 하나요?
제가 잘할 수 있을까요?
졸업하면 무슨 일을 할 수 있나요?
돈은 벌 수 있을까요?
자격증은 어떻게 따요?

해를 거듭할수록 국내외에서 물어물어 연락해 오는 사람들이 점점 더 많아졌다. 그만큼 상담에 대한 관심이 많아지고 있다니 참으로 반갑고 기쁜 일이다. 질문들에 일일이 대답하면서 상담자 지망생들이 주로 궁금해하는 질문의 패턴이 그려졌다. 나중에는 바로 질문에 대답해 주기보다 사전에 중요한 질문들을 던지고 스스로 생각을 정리할 시간을 갖게 한 다음, 상대가 원하는 진로에 대한 그림을 함께 그려 나갔다.

그러던 차에 상담자가 되겠다며 현장에서 인정하지 않을뿐더러, 정식 상담기관도 아닌 곳에서 고액을 주고 정체불명의 자격증을 따는 무수한 사람들을 접하게 되었다. 정보가 쏟아지는 인터넷 시대이니 금방 알 수 있을 거라 생각했는데 그들은 여전히 갈팡질팡하고 있었다. 상담을 배우려면 어떤 전공을 선택해야 하는지도 몰랐다. 그러다 보니 졸업하고 나서 누구를 대상으로 어떤 상담을 하고 싶은지도 모른 채, 막연한 밑그림만 그리고 있었다. 어쩌면 현장을 모르니 당연한 일일 것이다.

너무도 당연한 정보를 알지 못해, 시간과 돈을 낭비하고 있는 많은 사람들을 보면서 그들을 이용해 돈벌이를 하는 기관들에 분개하기도 했다. 하지만 먼저 이 길을 걷고 있는 사람으로서 적어도 내가 아는 노하우와 현장 경험을 공유해서 상담자가 되고자 하는 사람들이 시행착오를 줄이고 현명한 선택을 할 수 있도록 도와야겠다고 생각했다.

이런 생각에 결국 책을 내기로 결심했지만, 그럼에도 불구하고 책을 낸다는 것은 무척이나 부담스러웠다. 내가 알고 있는 게 전부가 아닌데 혹여 오해하지 않을까 싶어 망설여지기도 하고, 글재주가 없는 사람이라 잘 전달할 수 있을지도 의문스러웠다.

나보다 더 깊이 있는 지식을 가진 선배들과 스승들이 많음에도 불구하고 부족한 사람이 책을 쓴다는 게 부끄럽기도 하다. 하지만 이 길에 첫발을 내딛는 사람들이 현장을 이해하고 자신의 꿈을 펼치는 데 조그마한 힘이라도 되기를 바라며 용기를 내본다.

이 책은 대학교, 개인병원, 기업, 청소년기관, 정부산하기관, 사설연구소 등 여러 기관에서 근무한 경험들을 바탕으로 전문적인 용어는 쓰지 않고 최대한 현장을 이해하기 쉽도록 자세히 풀어냈다.

상담자를 떠올리라고 하면 대부분은 의자에 마주 앉아 우아하게 대화하는 모습만 연상한다. 그러나 상담자에게는 생각보다 훨씬 다양한 장면과 역할이 있다. 여러 색깔의 상담 현장을 구체적으로 알면 자신에게 맞는 분야를 선택하기도 쉽다. 원한다면 전혀 다른 색으로 자신만의 그림을 그려갈 수 있다. 물론 그에 맞게 철저한 준비를 해야겠지만. 이 책을 통해 당신이 당신만의 스타일을 그려갈 수 있다면 좋겠다.

생각보다 시작이 더뎌지긴 했지만, 그 과정을 묵묵히 함께하며 지지해 준 분들께 감사드린다. 또, 부족한 나를 믿고 마음을 열어 준 많은 내담자들에게 감사를 전한다. 사례는 가명을 사용했으며 당사자를 알 수 없도록 내용을 각색했다. 그분들의 진솔한 이야기가 당신의 마음에 힘이 되길 바란다.

1장

사람들 마음속에
차린 상담소

당신의 이야기를
들려주세요

칠흑같이 새까만 생머리에 몽환적인 눈빛이 묘하게 섹시한 여자 아이가 문을 열고 들어왔다. 아이의 이름은 가영. 서점에서 스티커를 훔쳤다고 했다. 돈이 없었던 것도 아니고 스티커가 필요한 것도 아니었다. 터져 버릴 것 같은 답답함을 해소하기 위한 놀이라고 했다. 아이는 지독한 외로움과 우울함 속에 갇혀 있었다. 가영은 전교 1등이었다. 아이가 도둑질을 했다고 다들 뒤에서 수군거렸지만, 어느 누구도 건드리지 않았다. 가영은 '훔친 건 보상하면 된다.' '담임의 지시로 상담은 받지만 형식적인 것이고 늘 그랬듯이 아무 일도 없었던 것처럼 넘어가겠지.'라고 생각하고 있었다. 아이와의 상담은 그렇게 시작되었다.

　삶이 즐겁기만 한 사람이 있을까. 사람은 누구나 마음속에 고민을 숨겨 놓고 살아가다가, 고민이 쌓아 놓은 벽에 부딪혀 더 이상 나아가지 못하기도 한다. 이렇게 자신이 해결하지 못할 문제에 직면할 때면 대부분의 사람들은 주변에 기댄다. 가족, 애인, 친구, 선후배에게 마음을 터놓거나 정기적으로 종교지도자나 주술사, 역술인을 찾아가 상의하기도 한다. 답답함을 토로하기 위해, 즉각적인 문제해결책을 찾고 싶어서 대화를 하다 보면 종종 문제가 해결되기도 한다. 하지만 아무리 노력해도 일시적으로는 나아지는 것처럼 보이지만 계속해서 반복되는 심각한 문제도 있다. 그럴 때 사람들은 결국 '전문가'를 찾게 된다. 상담자는 삶에 지쳐 힘들어하는 사람들이 마지막으로 기대는 곳인 셈이다.

가영의 경우, 삶에 의욕이 없었기 때문에 우선은 상담실에 오게 하는 것과 변화를 위한 동기를 갖게 하는 것이 가장 큰 문제였다. 부모와 자신의 틀에 갇혀서 감정을 억압한 채 살아온 아이여서, 자신의 감정을 있는 그대로 느끼고 표현하게 하는 것도 쉽지 않았다. 상담 기간도 무척 짧았다. 마음은 급한데 갈 길은 너무도 멀었다. 부모는 내 말을 신뢰하지 않았고, 오히려 아이에게 '이미지 관리를 해야 하니 좋지 않은 이야기는 하지 마라.'라고 당부했다. '과연 상담이 진행될 수 있을까?' 의구심이 들었다. 아이가 어떤 삶을 살아왔는지, 왜 지금 이렇게 할 수밖에 없는지, 부모는 어떤 사람인지, 짧은 기간 동안 가장 중요한 상담의 목표가 무엇인지, 이를 위해 어떻게 상담을 진행하는 것이 가장 효과적인지 고민하고 또 고민했다.

상담이 진행되면서 내 마음과 진정성이 전달되자, 아이는 급속도로 마음을 열기 시작했다. 성적이 뛰어나고 학교생활도 무난한 편이지만 마음을 터놓고 이야기하는 친구는 하나도 없다고 했다. 어린 시절부터 과도한 목표량을 완벽하게 해내야만 칭찬을 받을 수 있었다. 그렇지 못할 때는 수치스러워하는 부모의 높고도 냉정한 기준을 충족시키며 살아오느라 한 번도 자신의 목소리를 내지 못했다. 힘없는 가영이 할 수 있는 반항이라고는 물건을 훔치는 정도였다. 훔치고 나면 묘한 쾌감이 느껴져 며칠은 숨 쉴 만큼의 기분 진환이 되었다. 하지만 1년 전부터는 그것만으로 해소가 되지 않아 휴대폰 어플을 통해 만난 상대와 하루를 보내거나 술을 마시기도 했다고 한다. 독서실 간다고 나왔다가 아침에 들어가도, 부모님은 밤새 공부를 하다 온다고 생각해서 아무 제재도 하지 않았다.

아이에 대한 그림이 그려지자 깊은 내면에 자리하고 있는 감정도 느껴졌다. 얼마나 숨이 막힐지, 그런 상태로 어떻게 지금까지 버텨올 수 있었는지 놀라울 따름이었다. 가영은 상담을 통해 그동안 억압해 왔던 부정적인 정서를 점차 수용할 수 있게 되었다. 그리고 부모님의 높은 기준을 따라가기보다 자신만의 삶의 기준을 세울 수 있는 힘을 차츰차츰 길러 갔다. 처음에는 충동 조절이 안돼서 도벽을 멈추지 못할까 봐 두려워했지만, 자신의 생각과 감정을 신뢰하기 시작하면서 도벽을 하고 싶은 충동은 점차 사라졌다. 그와 함께 부모님에게 진로에 대한 자신의 생각을 명확하고도 단호하게 표현하기 시작했다. 그리고 자신의 길을 찾아 당당하게 걸어갔다.

상담(counseling)에 대한 정의는 학자마다 다르다. 간단하게 말하자면, 전문적 훈련을 받은 사람(상담자)과 심리적 도움이 필요한 사람(내담자)이 촉진적인 의사소통을 통해 내담자의 심리적 문제를 해결하고 성장을 위해 함께 노력해 가는 활동이라고 할 수 있다.

내담자는 상담자를 신뢰하는 만큼 자신의 문제를 개방하기 때문에 상담자의 개입이 더욱 효과를 나타낸다. 때문에 상담자는 내담자와 신뢰관계(rapport)를 형성함으로써 내담자가 스스로 자신의 문제에 대해 충분히 이야기할 수 있게 돕는다.

내담자들은 자기 자신에게조차 감추어 두었던 비밀 이야기를 상담자에게 털어놓는다. 그래서 단지 이야기를 들어 주는 것만으로도 그들에게는 큰 도움이 되기도 한다. 숨겨 놓고 닫아 놓았던 이야기를 듣다 보면, 응어리처럼 단단하게 뭉쳐진 상처와 만나게 된다.

대학생 나리는 피해망상을 앓고 있었다. 학교 곳곳에 감시카메라가 있고 메일도 해킹되고 있다면서 감시에서 벗어나기 위해 매일 자리를 옮기려고 그 많은 연구 자료를 다 들고 다닌다고 했다. 지도교수도 하지 못했던, 세계적으로 권위 있는 저널에 논문을 실은 촉망받는 학생이건만 피해망상으로 일상생활에 어려움을 겪고 있었다. 하지만 가족이나 친구들은 좀 유별난 천재로 알 뿐, 그녀가 현실과 망상을 오락가락하는 심각한 상태라는 사실을 알아챈 사람은 없었다.

나리의 피해망상은 어린 시절 부모에게 버림받았던 상처와 성폭행을 당했던 상처에서 기인한 것이었다. 그 사실을 어느 누구에게도 이야기하지 못하고 자신만의 세계에 갇혀 지내다 이제는 누구도 믿을 수 없게 되어 버린 것이다.

다운은 부모님의 바람대로, 친구들을 따라서, 물 흐르듯 가다 보니 어느새 박사 과정 마지막 학기에 접어들었다고 했다. 졸업하면 대기업에 과장으로 취업할 수 있지만 평생 이 분야에서 일해 나갈 자신이 없었다. 그동안 부모님이 너무 자랑스러워하셔서 그만두겠단 말도 못하고 지금까지 어떻게든 버텼지만, 더 이상 자신이 없다며 흐느껴 울었다.

내담자들의 겉모습이 어떻든 내면은 여리디여린 마음으로 뭘 어찌해야 할지 몰라 혼자 끙끙거리고만 있는 아이 같다. 그 어린아이가 마음껏 울고 마음껏 화낼 수 있게 곁에 앉아서 귀 기울여 들어주다 보면 어느새 아이는 자라서 자신만의 빛을 내뿜는 단단한 어른이 된다.

내가 무엇 때문에 이렇게 됐는지, 자기가 정말 원하는 게 무엇인지, 앞으로 어떻게 해야 하는지, 그 누구보다 자신들이 잘 알고 있다. 그들에게 필요했던 것은 자기 스스로를 믿을 수 있도록 함께하고 방향을 잘 잡아갈 수 있도록 기다려 주는 사람이다.

나는 상담이 마무리되면 늘 홀로 나 자신을 돌아본다. 혹여 상대보다 앞서 가진 않았는지, 온전히 그 마음에 머물러 있었는지, 도우려는 마음이 너무 커서 오히려 방해가 되지는 않았는지. 돌이켜보면 조바심에 서둘러 답을 가르쳐 주거나 재촉할 때보다 진심으로 상대를 믿고 그 마음에 머무를 때 내담자들의 회복은 더 빨랐다.

상담은 인간관계가 바탕이 되는 작업이다. 내가 혼자 서두른다고 해서 더 빨리 치유되는 것이 아니다. 상담자에게는 해박한 지식과 능숙한 실력을 갖추는 것만큼 또 다른 자질도 중요하다.

상처는 공감의 힘을 기르는
가장 비싼 약재

상담자에게는 사람에 대한 깊은 애정과 풍부한 공감능력, 부정적인 정서도 품을 수 있는 단단한 마음, 버거운 이야기를 듣고도 다시 원래대로 돌아올 수 있는 회복 탄력성, 지속적이고 전문적인 자기성찰, 다양한 문제영역과 그에 따른 이론 및 개입방법 등에 대한 개방적인 사고와 끊임없는 탐구심, 이론과 기법이 자신의 삶에 녹아들 때까지 노력하는 끈기와 진정성, 그리고 전문가로서의 윤리의식, 이러한 결과로 나타나는 인격적 성숙이 가장 중요하다.

　내담자는 심리적으로 약한 상태여서 상담 과정에서 전문가인 상담자를 의지하게 된다. 내 마음을 잘 알아주는 데다, 뭐든지 다 알고 있는 것 같아 위대해 보이기까지 하다. 그렇기 때문에 상담자는 자신의 힘을 악용하지 않도록 주의해야 한다. 개인상담은 두 사람 사이에서만 이루어지기 때문에 상담자가 윤리의식이 없으면 내담자가 피해를 본다 해도 알아차리기 어렵다. 상담자는 내담자가 호소하는 문제를 해결하는 데 있어 자신이 적합한지 냉정하게 살펴볼 줄 알아야 하고, 그렇지 않을 경우 정직하게 자신의 부족함을 밝히고 다른 전문가에게 의뢰해야 한다. (내담자의 권리를 보호하기 위해 학회에서도 상담자 윤리강령을 제정하여 전문가들이 스스로 지키도록 독려하고 있다.)

무엇보다 진정성이 중요하다. 부모가 자녀에게 아무리 좋은 방법을 가르쳐 준다 해도 자신이 그렇게 살지 않으면 별 영향력이 없다. 마찬가지로 내담자가 비록 상담자의 삶을 직접 보지는 못하더라도 삶에서 나오는 진정성은 상담 관계에서 전해지기 마련이다. 상담자의 진정성은 내담자에게 가장 큰 영향을 끼친다. 진정성을 가지기 위해서는 나 자신부터 다듬고 성장해야 한다. 나와 부모, 배우자와 자녀 등 가장 사적이고 가까운 관계가 건강할 때 비로소 내담자와의 관계에도 힘이 실린다.

학부시절, 헨리 나우웬의 《상처 입은 치유자》라는 책에서 상처를 겪고 이겨낸 사람이 비슷한 아픔을 겪는 사람들을 더 잘 이해해 줄 수 있고 더 효과적으로 도울 수 있다는 글을 읽었다.

나는 상처가 많은 사람인가? 뒤돌아보니 너무 평탄하게만 살아온 것 같았다. 그때부터 간절히 바랐다. 내 인생에 앞으로 상처가 더 많아지게 해 달라고. 지금 생각해 보면 얼마나 무섭고 어리석은 바람인지. 겪어야 할 아픔이 얼마나 클지는 생각도 하지 않고 내가 만날 사람들의 아픔을 넉넉하게 품고 싶다고 상처를 더 달라고 바랐다니 말이다.

그렇다고 상처가 없었던 건 아니다. 중학교 때는 내내 괴롭히는 아이가 있었다. 요즘으로 말하자면 학교폭력이었지만, 당시만 해도 그런 용어가 없었다. 학교 연극 공연에서 남자주인공을 맡아 열연한 뒤 인기가 하늘을 치솟았을 때 일이다. 후배들에게 인기가 많

은 데다 성적도 상위권이어서 선생님의 예쁨을 받다 보니, 내가 못
마땅한 모양이었다. 사사건건 시비를 걸고 괴롭히다 못해, 소풍 때
는 으슥한 곳에 네려가 협박하기노 했다. 그 아이는 학교에서 가장
잘나가는 '노는 애'인 데다 힘도 세서 늘 다른 애들과 무리지어 다
녔는데, 나중에는 그 무리들이 보다 못해 말릴 정도였다. 매년 학
년 말이면 제발 저 아이하고만은 다른 반이 되게 해 달라고 간절
히 바랐는데, 3년 내내 같은 반이었다. 당시엔 너무 괴로웠지만 부
모님이나 선생님께 이야기한들 오히려 괴롭힘이 더 심해질 것만
같아서 혼자서 꾹꾹 참았다.

학교폭력 피해자 아이들이 부모님에게, 선생님에게 말을 못하는
그 심정을 잘 안다. 비록 날 챙겨 주고 친하게 지내는 친구들이 있
지만 괴롭힘을 당할 때는 세상에 나 혼자인 것만 같다. 세상 그 누
구도 이 괴로움을 대신해 주지 못할 것 같고, 괴롭힘에 끝이 없을
것 같다. 더군다나 갈등을 싫어하는 아이라면 맞서서 싸운다거나
일을 더 크게 만드는 건 상상도 못한다. 아이들만의 세계이므로 어
른들은 개입하지 못할 거라 생각하며 참고 또 참는다. '언젠가는
이 시간이 지나가겠지. 반이 바뀌면, 졸업하고 나면 나아지겠지.'
하고.

내가 할 수 있는 최선은 내가 좋아하는 일들에 몰입하는 거였다.
같이 있으면 즐거운 친구들과 더 자주 어울리고, 공부에 더 집중하
고, 내 꿈을 찾기 위해 더 애쓰며 지냈다. 시간이 흘러 대학생이 되

었을 때, 상처 없이 평탄하게 살았다고 더 상처받기를 바랐을 만큼, 3년간의 괴롭힘은 기억 속에서 멀어졌다.

당시에는 정말 학교 가는 게 괴롭고 무서울 정도로 힘들었다. 매년 같은 반이 될 때마다 1년을 어떻게 견디나 하는 좌절감에 홀로 눈물짓기도 했다. 하지만 포기하지 않길 참 잘했다고 생각한다. 만약 그때 멈춰 버렸다면, 지금까지의 이 모든 설레는 경험들을 할 수 있었을까. 시간이 흘러 상담심리전문가가 된 나에게, 그때의 경험은 같은 아픔을 겪고 있는 아이들을 이해할 수 있는 기반이 되었다.

학교폭력 피해자 아이들은 바보여서 도움을 요청하지 못하는 게 아니라 그게 최선이라 생각되어서 버티고 있는 거다. 부모를 믿지 못해서, 교사를 믿지 못해서, 친한 친구를 믿지 못해서라기보다 두려움에 압도당하다 보니 상대가 너무 거대해 보여서 그 어떠한 해결도 불가능하다고 생각하는 것이다. 또한 괴롭힘이 은밀하게 진행되어서 세밀하게 살펴보지 않으면, 당사자와 가해자 이외에는 대부분 알아차리기 어려운 경우가 많아서 더더욱 누군가에게 알리기가 어렵다.

어린 시절에 겪었던 폭력보다 내 인생에 오래도록 생채기로 남아 있는 건 대학생 시절이었다. 모든 사람들이 천사라고 칭찬할 정도로 친절하고 착하기만 했던 선배가 언젠가부터 내게 아무런 이유 없이 화를 내고 폭언을 쏟아붓기 시작했다. 처음 이런 일을 겪었을 땐 선배에게 화를 내면서 다시는 이러지 말라고 단호하게 말했다. 선배는 잘못했다고 무릎까지 꿇으며 너만은 나의 이런 모난 부분을 받아 줄 것 같아서 그랬다며 사과했다.

하지만 점점 강도는 더 심해졌다. 이러한 폭력들이 은밀하게 단둘이 있을 때만 행해진 데다, 사람들에게는 선배가 나를 짝사랑해서 짓궂게 행동하는 것처럼 말을 해 놔서 도움을 요청했을 때도 다들 가볍게 넘기고 말았다. 도망가지만 말고 이 문제를 해결해야겠다는 생각에, 무서웠지만 선배와 여러 차례 대화를 시도하기도 했다. 도대체 나에게 왜 이러느냐, 선배가 너무 무서우니 그러지 말라고 하면 그 선배는 모두 자신의 잘못이란 말을 되뇌며 순한 어린양처럼 슬프게 창밖을 쳐다보기만 했다. 그러다 또 어느 순간이면 이유를 알 수 없는 폭력을 행사했고 그런 괴롭힘을 1년 가까이 당하다 결국 휴학하고 말았다. 중간고사를 보는데 시험지가 백지로 보이자, 이제 더 이상 감당할 수 없다는 판단이 들어 곧바로 휴학계를 제출했다. 그때부터 난 내 방에서 한 발자국도 나가지 못했다. 부모님들은 영문도 모른 채 그런 나를 힘들게 바라보셨고, 나는 언제라도 그 선배가 찾아와 괴롭힐 것만 같아서 더 이상 살고 싶지 않을 정도로 무기력해졌다.

그 선배가 나를 직접적으로 때린 적은 없지만, 오랜 세월이 지난 지금도 분노로 타오르는 무서운 눈빛과 폭언들이 생각난다. 혼자 있으면서 내가 할 수 있는 최선은, 내 마음을 치료하기 위해 관련 책들을 읽으면서 내 마음을 내가 알아주는 것이었다.

'그렇게 무서웠구나. 그런데도 이만큼 버텨 냈구나. 잘했어. 이건 네 잘못이 아니야. 그 사람을 네가 바꿀 수는 없지만, 더 이상 너를 괴롭히지 못하도록 막을 수는 있어.'

혼자서 베개를 놓고 그 선배라 생각하며 화도 내 보고 당시엔 무서워서 감히 하지도 못했던 거절도 해 보고 펑펑 울기도 하면서 시간을 보냈다. 그리고 그 사람을 봤을 때 더 이상 휘둘리지 않고 강하게 거절할 수 있겠다는 용기가 생겼을 무렵에 복학할 수 있었다. 내가 바뀌어서인지 그 뒤로는 그와 비슷한 일은 일어나지 않았지만, 지독한 생채기가 오랫동안 마음 한 구석을 아리게 했다.

사람을 한번 믿으면 무조건 끝까지 믿고 좋아하는 데다, 당시만 해도 인간은 모두 선하다고 철석같이 믿고 있었다. 그래서 그 선배의 악함을 인정하지도, 타인에게 그 사람의 악함을 고발하지도 못했었다. 사람에게는 악한 면도 있고 선한 면도 있다는 것을 그땐 몰랐다. 그 시절 나에게 돌아갈 수 있다면, 이렇게 말해 주고 싶다.

'이건 네 잘못이 아니야. 그 사람이 너에게 행사한 폭력을 멈추게 하려면 그 사람의 잔인함을 적극적으로 알리고 도움을 요청해야 해. 그 사람의 악함을 말하는 게 그 사람을 욕하는 건 아니야. 만약 네 말을 못 믿는다 하더라도 그건 네 잘못이 아니야. 그 사람의 진짜 모습을 못 봤으니까 그럴 수 있어. 아무도 믿어 주지 않더라도 난 널 믿어. 내가 끝까지 너와 함께할 거니까 용기를 내자!

정 안 되면 경찰에 신고해서라도 멈추게 하자. 네가 참고 넘어간다고 해서 그 사람이 변하지는 않아. 너에게 하듯 다른 사람들에게도 똑같이, 어쩌면 더 심하게 괴롭힐 거야. 네가 얼마나 소중한 사람인데 그 사람의 괴롭힘을 묵묵히 견디고만 있니? 조금만 용기를 내자, 내가 도와줄게.'

살아오면서 겪은 크고 작은 상처와 고통들은 나 자신을 더 단단하게 만들어 줄 뿐만 아니라 타인의 아픔을 깊이 있게 이해하도록 해 준다. 물론 그 상처들이 잘 아물 수 있도록 적극적으로 치료했을 때의 이야기다. 그냥 묵혀두거나 모른 척 외면해서는 상처가 값비싼 약재로 바뀌지 않는다. 오히려 독이 되어서 늘 마음을 아프게 하고 대인관계뿐 아니라 진로에도 심각한 영향을 준다.

이론적으로 이해한 것과 내가 온몸으로 겪은 건 그 깊이가 다르다. 내담자의 아픔이나 문제를 겪어 보지 못했다 하더라도, 그들이 정신적으로 어떤 과정을 겪는지 이성적으로 이해할 수는 있다. 그러나 같은 문제를 직접 겪은 사람이 이론까지 준비되어 있을 때 줄 수 있는 영향력은 더욱 강하다. 말로 설명하지 않아도 사람의 마음을 깊이 있게 이해할 수 있기 때문에 섬세하고 따스하게 상처를 감싸줄 수 있다.

그렇다고 우리가 모든 상처를 다 겪어 봐야만 상담을 잘하는 건 아니다. 상담자가 세상의 모든 상처를 겪을 수는 없다. 남들처럼 큰 문제를 겪지 않아도 괜찮다. 비록 사소한 사건이라도 외면하지 않고 잘 아물도록 치료한 경험이 관련 지식과 어우러져 빛이 날 수 있다.

상담심리학을 공부하다 보면 여러 이론들이 인간관에 따라 다르게 형성되어 있다. 내가 인간을 어떻게 바라보느냐에 따라 상담의 방향과 방법이 달라진다. 인간에게는 악한 면과 선한 면이 공존한다. 선하다고만 바라보면 상대의 악함에 필요 이상으로 상처받을 수 있다. 악함을 인정할 수 없으니 상황을 객관적으로 바라보지도, 문제를 해결하지도 못한다. 악함을 인정하게 되면 더 강력하게 대응하여 스스로를 보호할 수 있다.

나 자신을 살펴봐도 내 안에 이기적인 마음과 이타적인 마음이 공존한다. 다른 사람들도 나와 비슷하다. 늘 악하지만도 늘 선하지만도 않다. 실수를 하는가 하면, 누군가에게 힘이 되어 주기도 한다. 개인적인 관계로 만났다면 좋았을 사람이지만 함께 일을 하다 보면 실망스럽다 못해 조직에 심각한 손실을 입히는 사람도 있다. 과거에는 같이 일하기 힘들었던 동료더라도 지금은 좋은 정보를 공유하거나 도움을 주는 협력 관계가 될 수도 있다.

절대 악인도 절대 선인도 없다는 걸 인정하면 인간관계가 훨씬 폭넓어진다. 평생 못 볼 사람도, 꼭 봐야 하는 사람도 없다. 누구든 실수할 수 있고 누구든 힘이 되는 존재가 될 수 있다. 이렇게 생각하면 상대에게뿐만 아니라 나 자신에게도 관대해진다. 나 또한 언제든 실수할 수 있고 잘할 수 있다. 그러니 못할 걸 두려워 말고, 알아차렸을 때 인정하고 용서를 구하고 바로 잡으려고 노력하면 된다. 상대가 나에게 그 어떤 상처를 주었든, 내 인생 전부를 걸 정도로 증오할 이유도 없고, 그 사람이 너무 소중하다고 내 인생 전부를 희생할 이유도 없다.

호기심은
나의 힘

나는 사람에 대한 호기심이 많아서인지, 나와는 다른 사람들을 만날 수 있는 프로그램을 즐겨 시청하는 편이다. 다큐멘터리든 버라이어티나 드라마든 개인의 삶과 그 사람의 희로애락이 사실적으로 담겨 있는 스토리를 좋아한다. 그런 프로그램의 등장인물들은 경제적으로든 심리적으로든 하나같이 심각한 고통을 겪고 있다. 한번은 남편이 좋은 이야기도 아닌데 굳이 찾아서 보는 이유가 뭐냐고 물었다. 곰곰이 생각해 보니, 나는 그들의 삶이 궁금했다. 왜 그렇게 살아갈 수밖에 없는지, 심정이 어떠한지, 내가 그들을 만난다면 어떻게 이해하고 함께해야 할지, 그 포인트를 알고 싶었다.

어려서부터 환경에 적응하지 못하는 사람들을 보면 마음이 쓰였다. 주변 사람들이 싫어하거나 관계를 잘 맺지 못하는 사람에게 자꾸만 눈길이 가고 다가가서 함께하고 싶었다. 내가 아직까지 만나지 못했지만 언젠가 만날지도 모르는 사람들을 더 깊이 이해하고 싶다. 나의 무지와 편견으로 인해 또 다른 상처를 주지 않아야 한다고 매순간 다짐한다. 그래서 나도 모르게 사람들의 이야기를 담은 프로그램을 찾아 보게 되는 모양이다.

요즘은 케이블 채널이 생기면서 다양한 삶을 살아가는 사람들의 이야기와 그들의 고민이 고스란히 담긴 프로그램들이 방영된다. 덕분에 내가 일상에서는 도저히 만나기 어려운 사람들의 속내도 조금이나마 알게 되었다. 한 번도 본 적이 없고 만나기도 어려운 타인의 삶을 보다가 너무 울어서 머리가 아플 때도 있지만, 내 안에 타인의 아픔을 안타까워하는 마음이 있음에 감사한다. 안타까움만으로 그치지 않고 상대를 더 잘 이해해서 그 아픔을 위로하고자 다가가고 싶어 한다는 데에 감사한다. 그리고 그런 마음을 가장 필요로 하는 상담자가 나의 직업이어서 참으로 감사하다.

그렇게 방송을 보다 보면 다르다 못해 독특해 보이기까지 하는 사람들도 있고 도저히 이해할 수 없는 사람들도 있다. 그들 또한 일반인이지만 나와는 다른 삶을 살아간다. 하지만 분명한 건 그 사람들이 그렇게 살아가는 데는 그들만의 사정이 있다는 것이다.

상대의 입장에서 진심으로 공감하려면 내가 가진 편견이나 기준이 없어야 한다. 손톱 끝이 살짝 깨졌는데 팔이 부러진 사람처럼 아파한다고 엄살이라 말할 수 없다. 그 사람에겐 그만큼 그 고통이 견디기 힘든 건데도 사람들은 자꾸 비교하고 판단한다. 여자 친구가 헤어지자고 해서, 성적이 떨어져서, 오늘 또 부모님이 싸워서, 가난이나 질병 때문에 자살하는 사람들의 뉴스가 보도되면, 흔히들 '그깟 이유로 죽을 거면 죽을 용기로 살라'고 말한다.

어느 누구든 죽는 게 쉬운 사람은 없다. 남들이 보기에는 아무리 하찮아 보이는 이유도, 당사자에게는 죽음보다 삶이 더 두려울 정도로 괴롭고 고통스러운 것이다. 설사 내 시각에서는 이해되지 않더라도, 그 고통이 당사자에게는 내일 눈 뜨는 게 두려울 만큼 괴롭다는 것을 인정하는 데에서부터 공감은 시작된다.

죽음이라는 너무 무거운 이야기를 예로 들었지만, 이 세상을 살아가는 저마다의 삶의 방식에 다 나름의 이유가 있다는 걸 인정하지 않으면 진정성 있는 공감을 하기 어렵다.

내가 존경하는 교수님이 해 주신 말씀 중에 늘 내 마음에 새기고 있는 문장이 있다.

'정신병리 증상을 나쁘게만 생각해서 무조건 없애려고 해서는 안 된다. 어쩌면 지금 보이는 증상이 그 사람이 처한 환경에서 자신을 보호하기 위한 최선일 수 있다. 그 사람이 살기 위해서 병이 만들어진 것이므로, 무엇보다 병이 생긴 원인을 살펴봐야 한다.'

정신병도 그 사람이 처한 현실에서 죽지 않고 살기 위해, 자신을 보호하기 위해 만들어졌듯이 나와 다른 상대의 삶의 방식 또한 그 사람만의 사정에 의해 형성된 것이다.

내 시각만으로 상대를 판단하고 정죄하는 태도는 심리적으로 약해진 사람에게 또 다른 상처를 준다. 따라서 상담자는 최대한 자신의 기준을 내려놔야 한다. 그러기 위해 가장 기본이면서도 중요한 태도는 꾸준히 상담 이론과 새로운 흐름에 대해 공부하는 것이다. 오랜 세월 동안 유능한 학자들이 인간을 이해하기 위해 다양하고 깊이 있는 관점을 확립해 왔고 시간이 흘러 방대한 이론으로 정립된 부분도 있다. 심리학은 기본 이론만 해도 워낙 양이 방대하고 내용도 깊기 때문에 제대로 공부하려면 끝이 없다. 또 새로운 이슈와 연구 결과가 끊임없이 발표되고 있으므로 지속적으로 탐구하는 자세가 없다면 어느새 자신만의 사고에 갇히게 된다. 무엇보다 공부가 지식으로만 그치지 않고 앎이 자신의 삶이 되도록 노력해야 한다.

상담자는
그 자신이 상담의 도구

상담자가 되기 위한 첫 입문, 석사 과정에서는 다른 이론의 근간이 되는 주요 이론 10여 개를 중점으로 배운다. 하지만 주요한 상담 이론 이외에도 프로이트가 《꿈의 해석》을 출간한 1899년부터 200여 년이 넘는 지금까지 매번 새로운 상담치료 방법들이 쏟아지고 있다. 그러다 보니 초보 상담자들은 여기저기서 열리는 교육 세미나에 참석하여 매년 빠르게 변화하는 흐름을 쫓아가느라 분주하다. 머리로는 알 것 같지만 본인 스타일로 소화하려면 시간이 많이 걸리는 데다, 매번 새로운 흐름이 등장하니 공부할 양은 끝이 보이지 않는다. 또 상담 기술만 기계적으로 숙달하거나 이론에 대한 교육에만 치우치다 보면 급속도로 변화하는 다양한 사회 문화적 흐름에 대응하기가 어려워진다. 이럴 때는 어떻게 해야 할까? 상담 심리학의 주요한 이론들을 살펴보면 이론을 만든 사람의 성격과 인간관에 따라 내용이 상이하다는 것을 알 수 있다. 유명하니까, 다들 배우니까 무조건 따라 하기보다는 먼저 자신의 성격을 깊이 이해하고 가치관을 점검한 후, 자신에게 잘 맞는 이론과 분야를 찾아 자신의 속도에 맞게 연습하는 것이 좋다.

상담자 자신에 대한 깊은 이해를 기반으로 타인을 개방적인 시각과 애정을 가지고 대하는 것, 여기에 더해 상대가 가지고 있는 핵심문제를 파악하고 효과적으로 해결할 수 있도록 끊임없이 공부하고 기술을 습득하고 지식으로만 그치지 않도록 자신의 삶 속에 적용하는 의지가 필요하다.

무엇보다 상담에서 가장 강력한 도구인 상담자 자신이 가장 잘 준비되어 있어야 한다. 상담은 인간관계가 기반이 되는 작업인 만큼, 상담자의 인간적 역량 또한 큰 영향을 미친다. 상담 이론과 기법을 똑같이 사용한다 하더라도 상담자의 인간적 자질에 따라 내담자에게 미치는 영향이 달라진다. 그러므로 상담자는 전문적 활동을 하는 데 필요한 지식과 기술은 물론이고 기본적인 태도나 품성을 갖추어야 할 뿐 아니라 인격적으로도 성숙해야 한다.

상담은 사람의 어두운 이야기를 듣는 직업이다. 개인적인 일로 내 마음이 힘들더라도 상담자는 내담자의 마음에 온전히 함께할 수 있어야 한다. 그러려면 상담의 도구가 되는 상담자는 자신이 어떤 상태이든 상대의 부정적인 정서를 품을 수 있는 단단한 마음을 가져야 한다. 그렇지 않으면 내담자가 만나자마자 쏟아내는 엄청난 무게의 심리적 고통을 온전히 받아내기 어렵다.

장맛비가 쏟아지던 어느 날, 온몸이 비에 젖어 친구들의 부축을 받으며 상담실로 들어온 아이가 있었다. 그 아이는 친구들이 가자마자 목 놓아 한참을 울었다. 또 어떤 내담자는 얼굴이 하얗게 질린 채 문을 열었더랬다. 상담에 기대하는 바는 없었다. 벽을 보고 얘기한다는 심정으로 찾아왔다고 했다.

수면제를 복용해야 잠을 잘 수 있는 사람, 수업에 집중해야 하는데 앞에 앉은 학생의 뒤통수가 거슬려 시야를 가리는 눈 수술을 받고 싶다는 아이, 겉으로는 멀쩡해 보이지만 외로운 섬처럼 비틀비틀 떠다니는 사람, 매일 자기도 모르게 머리카락을 뽑아서 뒤통수에 오백원 동전만 한 구멍이 난 아이. 부모의 기대를 충족시키기 위해, 남들보다 앞서 가기 위해, 크고 작은 상처들을 치료하지 않고 자신의 감정도 생각도 모두 접고 앞만 보며 뛰다가 한계지점에 이르러 결국 폭발하고만 사람들······.

사람에 대한 애정이 없이는 이들이 쏟아내는 어마어마한 양의 부정적인 정서를 감당해 내기 힘들거니와, 나와 다른 사람을 어떻게든 이해해 보려는 노력과 의지를 갖기도 어렵다. 무언가를 좋아하는 마음, 애정이 있어야 더 많이 들여다보고 궁금해하고 잘 기억하는 법이다. 마찬가지로 사람을 좋아하는 마음이 있어야 상대를 더 잘 이해하고 싶어서 누가 시키지 않아도 관련 이론과 연구 결과를 살펴보고 상대에게 잘 맞는 기법을 배우기 위해 끊임없이 노력해 나갈 수 있다.

그러기 위해 반드시 점검해야 할 사항은 '내가 사람에 대한 애정이 있지만 어떤 방법을 통해 돕는 게 즐거운가.'이다. 사람에 대한 애정이 있다고 모든 사람이 상담자가 되는 건 아니다. 상대의 고통을 그 사람이 느끼는 무게만큼 고스란히 품는다는 건 그만큼 힘든 일이기 때문이다.

사람을 돕는 방법은 여러 가지가 있다. 대화를 통해서, 몸을 움직여서, 무언가 만들어서, 정보를 제공하거나 교육을 통해서…….
그중에서 상담은 사람을 직접 만나 얼굴을 마주보며 대화를 통해 상대가 문제를 해결하고 성장할 수 있도록 돕는 과정이다. 그렇기 때문에 이런 방식이 자신에게 맞는지 고려해 보는 것이 좋다.

예를 들어 사람에 대한 탐구심이 강하더라도, 상대를 이해하기 위한 이론이나 연구 자료를 열정적으로 살펴보는 것은 좋아하지만 막상 사람을 만나서 매번 부정적인 정서를 품는 작업은 힘들어할 수도 있다. 이 경우에는 직접 상담을 하기보다 연구원을 선택하는 것이 현명하다. 여러 이슈를 분석하고 새로운 방향을 제시하거나 연구 결과를 체계적으로 정리함으로써, 상담자들이 내담자를 더 효과적으로 이해하고 궁극적으로는 상담의 성과도 높일 수 있도록 도울 수 있다.

상담자는 내담자들이 쏟아내는 부정적인 정서를 품다가 소진되기 쉬우므로 스스로 관리하지 않으면 버티기 힘들다. 그러므로 스트레스가 쌓이지 않도록 자신에게 맞는 스트레스 해소 방법들, 이왕이면 큰 비용이 들지 않아도 손쉽게 할 수 있는 방법들을 찾아 두는 것이 좋다. 예를 들어 목욕하기, 산책하기, 매운 음식 먹기, 좋아하는 음악 듣기, 친한 사람을 만나거나 통화하기 등.

또한 상담자와 개인의 삶을 분리할 필요가 있다. 상담을 공부하다 보면 어느새 가족과 친구들, 이웃과의 관계에서도 상담을 하기 쉽다. 그러나 배우자에게, 자녀에게, 부모에게, 친구에게까지 내가 상담자일 필요는 없다. 나는 그냥 나다. 화가 나면 화내고 짜증이 나면 짜증도 내고 울기도 하고 불평도 하는 한 인간으로 있으면 된다. 상대도 내가 가족으로, 친구로 함께 대화하길 원하지 내게 상담 받기를 원하지 않는다. 상담으로 줄 수 있는 깊이와 지인으로서 주는 조언의 깊이는 물론 차이가 난다. 하지만 이미 개인적인 관계가 형성되어 있기 때문에 내담자 보호를 위한 윤리적 문제 때문에라도 상담을 할 수 없다. 상대방도 내가 지인으로서 편하게 이야기를 들어 주기를, 그에 덧붙여 개인적인 의견을 속 시원하게 말해 주기를 바라는 경우가 많다.

상담은 정해진 시간 동안 고도의 정신적 에너지를 쏟는 전문적인 작업이다. 일상 관계에서 이뤄지는 대화 속에서 심각한 문제들이 감지되더라도, 일일이 상담하듯 분석하고 대응하는 것은 불가능하다.

일상과 상담 장면에서의 내 모습을 분리하는 작업이 상담을 처음 공부하는 사람들에겐 어렵고 혼란스러울 수 있다. 본격적으로 내담자를 만나서 상담 수련을 쌓기 전에는 대부분 자신과 주변 사람들과의 관계를 통해 상담 이론과 기법을 적용해 보며 통찰력을 키워가다 보니 혼란스러운 과도기를 겪게 된다.

나도 처음에는 일상생활과 상담 장면을 분리하지 못했다. 상담을 처음 시작할 때는 상담이 끝나고도 방금 만났던 내담자가 남기고 간 고통의 깊이가 너무 커서 내 감정을 온통 뒤흔들었고, 그다음 상담에까지 영향을 주곤 했다. 또한 일상생활에서 만나는 사람들이 털어 놓는 고민을 상담하듯 집중해서 들으며 분석하려다 보니 매번 엄청난 양의 심리적 에너지를 쓰게 돼서 한동안은 만남을 피하기도 했다.

시간이 흐르면서 조금씩 일상생활과 상담 장면을 분리하기 시작했다. 상담 시간에는 내담자가 온전히 회복될 수 있도록 심혈을 기울인다. 그리고 그 이외의 시간에는 상담자가 아니라, 개인으로서 살아가려고 노력한다. 짓궂은 장난도 하고, 힘들거나 고민이 되는 이야기도 털어 내면서, 그렇게 온전히 나 자신으로 있는 시간을 갖는다. 가장 나다울 수 있고 실수도 허용되는 관계를 마음껏 누리고 자유롭게 살아야 상담 장면에서 필요한 어마어마한 에너지를 비축할 수 있다. 언제부터인가 일상에서의 내 모습은 더 푼수가 되어 가는 것 같다.

내담자들은 모든 걸 다 아는 것처럼 보이는 나를 주머니에 넣고 다니면서 그때그때 필요한 내용을 물어보고 싶다고 말하지만, 남편에게 나는 보호해 주고 챙겨 줘야 하는 실수투성이 아내이다. 지인들에게는 함께 있으면 즐겁고 좋은, 인간적인 매력이 있는 사람이면 난 그걸로 충분하다.

상담 장면과 일상이 분리되면서 상담 시간에 내담자가 겪고 있는 심리적 고통을 깊이 있게 품으면서 충분히 함께 머무를 수 있게 되었다. 내가 힘을 받을 수 있는 곳이 많기 때문에, 내담자가 스스로 힘을 내고 회복될 때까지 온전히 기다리면서 그 고통을 함께 겪어 낼 수 있다. 여전히 성장해 가는 과정이라 중간 중간 실수도 하고 잘 머무르지 못할 때도 있지만 점점 나아지고 있다.

Q... 이런 성격인 서도 상담자가 될 수 있을까요?

A... 상담을 잘하는 성격이라는 것 자체가 큰 의미가 없어요. 상담은 사람과 사람이 만나서 이뤄지는 과정이고, 사람이 갖는 개성과 다양성은 무궁무진한 만큼 사람마다 매력이 다르기 때문에 어떤 성격이 더 효과적이라고 말하기 어렵습니다. 오히려 사람을 좋아하고 대화하기를 즐기는지, 꾸준히 공부할 의지가 있는지 등이 더 중요해요. 어떤 성격이든 상담전문가가 될 수 있어요.

다만 성격에 따라 자신의 가치관이나 스타일에 따라 선호하는 상담 이론이나 방법이 달라질 수 있습니다. 어떤 일을 할 때 일의 과정이 구체적이고 바로 바로 결과가 나오길 원하는 성격이라면, 집단 상담 프로그램을 운영할 때도 프로그램 내용이 회기별로 구체적으로 정해져 있고, 프로그램을 통해 얻고자 하는 목표도 분명한 구조화된 집단을 운영하는 것이 자신에게 맞을 겁니다. 반면, 정해져 있는 틀이 있기보다는 그때그때 자유롭게 진행하는 것이 더 좋은 사람은 비구조화된 집단을 운영하는 게 좋고요. 이렇듯 성격에 따라 상담을 할 때도 자신이 선호하고 잘하는 이론과 방법이 제각기 달라요. 자신의 성격을 잘 알면 그만큼 자신에게 잘 맞는 이론을 선택해서 집중적으로 개발할 수 있게 되겠죠.

그리고 주 업무도 성격에 따라 달라질 수 있어요. 예를 들어 여러 사람과 함께 일하고 가르치는 게 좋다면 심리상담 이외에 상담 교육 업무를 하면 재밌게 잘 해낼 거예요. 반면 내성적이고 사람들을 만나는 것보다 한 사람을 깊이 있게 만나고 그 사람을 이해하기 위한 탐구활동을 하는 것이 좋다면 심리상담과 더불어 연구를 병행하는 게 좋습니다.

사람마다 성격이 다르듯 상담자마다 상담 스타일이 다르며, 자신이 잘 다룰 수 있는 상담 영역과 대상이 다릅니다. 그러므로 '상담을 잘하려면 이런 성격이어야 해.'라고 어떤 틀에 자신을 맞추기보다는 내가 어떤 성격인지 잘 살펴보고 자신에게 맞는 스타일을 찾아가는 것이 효과적입니다.

2장

상담자가 되는 길

내가 해야 하는 일,
하고 싶은 일

인생을 살아가면서 누구나 자신의 진로에 대해 고민한다. 그리고
자신이 선택한 길을 잘 가고 있더라도 과연 이 길이 나에게 가장
맞는 것인지 되묻는 때도 있다. 상담자로서 가져야 할 마음가짐도
간단하지 않고, 공부하는 과목이나 하는 일 또한 예상을 빗나가는
것들이 많다. 그러므로 직업을 선택하기에 앞서 자신의 적성과 삶
의 방향에 대해 충분히 생각해 보는 것이 좋다.* 나 또한 그랬다.
상담심리사라는 직업을 선택하기까지의 길은 결코 쉽지 않았다.

　나는 정말이지 평범한 중학생이었다. 그러던 어느 날, 학교 축제
에서 올려졌던 한 편의 연극 〈나의 라임오렌지나무〉에서 주인공 제
제를 연기하면서 인생이 바뀌었다. 성장발육이 늦은 데다 늘 짧은
커트머리여서 어딜 가든 예쁘장하게 생긴 남자애로 봤는데, 여자중
학교에서 남자 역할을 맡아 열연하고 나니 학교에서 일약 스타가

---

* 이 책에서 소개하는 것은 내가 상담자가 되기 위해 걸어온 길을 바탕으로 정리한 개
　인적인 경험이다. 당신이 이 직업에 어울리는지, 정말 원하는 직업인지에 대해서는
　스스로 결론을 내리고 선택해야 한다. 그 선택에 도움이 되기를 바라며 '부록1'에 진
　로탐색워크북을 정리해 두었으니 참고하길 바란다.

됐다. 매일 선물과 편지가 쏟아졌다. 1학년들이 나를 두고 싸우는가 하면, 어떤 부모님은 집으로 전화를 걸어 '우리 애가 너를 너무좋아하니 연락해서 공부 열심히 하라고 말해 달라.'라고 부탁하기도 했다. 집에는 손으로 접은 천 마리 학이나 장미꽃과 선물들이 쌓여 갔지만, 그만큼 마음은 부담스러웠다. 그러면서도 한편으론 어설픈 내 연기에 가슴이 뛰었다는 사람들 말에 설레기도 했다. 처음으로 연기를 하고 싶다는 생각이 강렬하게 일어나서 흥분을 감추지 못한 채, 엄마에게 내 생각을 말씀드렸지만, 바로 거절당했다.

"네가 TV에 나올 만큼 예쁘니? 연기해서 벌 수 있는 돈은 턱없이 적은데 평생 연기만 할 수 있을 만큼 돈이 많니?"

예리한 지적이었다. 나는 아무런 대답을 하지 못한 채, 현실의높은 장벽 앞에 무릎을 꿇었다. 솔직히 가난한 연기자로 살 자신이없었다. 그 후로 고등학교에 들어갈 때까지 내 꿈은 교사였다. 특별한 이유는 없었다. 그냥 학생들이 자신의 인생을 고민하게 하는, 가슴 뛰는 수업을 하고 싶다는 막연한 희망으로 윤리나 도덕 과목교사가 되는 게 어떨까 생각했다. 하지만 중3 때 담임선생님과의진로 면담에서 교사는 내 길이 아니라는 생각을 하고는 이후 진로는 정하지 못했다. 상위권이었던 성적이 점점 떨어지더니 전교는커녕 반에서도 하위권을 맴돌았다. 공부할 의미를 느끼지 못했다. 방향을 잃어버리자 공부할 의욕도 사라졌고 학교를 다니는 것도무의미하게만 느껴졌다. 성적은 계속 떨어지는데도 마음은 온통 무언가 재미나고 의미 있는 일을 찾아 헤매고 있었다. 여러 동아리에 가입해서 활발하게 활동하면서 새로운 친구도 많이 사귀고 분주한 나날을 보냈지만 여전히 내가 무엇을 하고 싶은지, 어떻게 살아야 하는지에 대한 답은 찾지 못했다. 생각하다 보면 답답해져서 학교 앞 벤치에 앉아 밤하늘을 올려다보기도 했다. 그러다가 감독하는 선생님께 들켜서 야자 땡땡이 쳤다며 혼나고, 그런 고민은 대학 가서 하라는 잔소리를 듣곤 했다.

나는 대학에서 진짜 하고 싶은 분야를 전공으로 선택하고 싶었다. 그러면서 그 길을 찾아 헤매는 길고 긴 방황의 시간이 이어졌다. 당시엔 체험학습도 없고 인터넷도 안 되던 시절이니 혼자 직업에 대해 상상을 해 보는 것 외에 방법이 없었다. 매해 새롭게 오는 교생 선생님들을 통해 관심 있는 직업과 전공에 대해 물어보고 답을 듣는 게 얻을 수 있는 정보의 전부였다. 그러다 내가 잘하는 것, 하면 즐겁고 행복해서 자주 하게 되는 것, 그리고 그로 인해 상대도 좋아지는 것이 무언지 곰곰이 생각하고 적어 보았다.

1. 마음이 아픈 사람을 돕는 게 좋다.
2. 그 사람의 이야기를 듣고 얘기하는 게 좋다.
3. 친구들이 고민이 있을 때마다 찾아와 비밀 이야기를 많이 하는 편이다.

하지만 대화를 통해 사람을 돕는 게 직업이 될 수 있을까? 이런 생각에 절망하고 있던 무렵, 친구에게서 상담가라는 직업이 있다는 얘기를 들었다. 물어물어 지역 청소년상담복지센터에서 운영하는 청소년 자기성장 프로그램에 참여했다. 그리고 그곳에서 심리학을 전공하는 대학생을 만났다. 그 언니를 통해 심리학과에서는 뇌과학, 생물학개론, 연구방법론을 배우기 위한 기초통계, 지각심리학 등 기초학문에 관한 수업이 많다는 것과 정작 내가 원하는 상담 공부는 석사 때부터 시작된다는 것을 듣고 심각하게 고민했다. '과연 내가 하고 싶은 공부를 위해 어려운 공부를 하며 4년을 버틸 수 있을까.' 진지한 고민 끝에 내가 처한 현실이 이렇다면 달리 선택의 여지가 없다고 생각했다.

'상담'을 전공으로 선택한 순간 나는 대학을 가기도 전에 박사학위까지 받기로 마음을 먹었다. 그 당시엔 돈을 받고 이야기를 들어 주는 직업이 있다는 사실 하나만으로도 너무 기뻤다.

'까짓것 4년 못 버티겠어?'

하지만 부모님의 반대가 만만치 않았다. 부모님은 딸내미가 교사나 공무원이 되어 평범하게 살다가 시집가기를 바라셨는데, 느닷없이 돈도 많이 들고 성공하기도 어려운 심리학을 공부하겠다고 하니 완강히 반대하셨다. 여자가 무슨 그런 공부를 하냐, 돈은 어떻게 감당할 거냐, 상담이란 직업이 있기는 한 거냐, 누가 돈을 내고 상담을 받겠냐. 그 정도로 유명하려면 〈아침마당〉 같은 TV 프로그램에 나오는 사람들일 텐데, 그 사람들 다 머리가 희끗희끗

하니 노인이 돼서야 빛을 보더라, 네가 무슨 수로 그때까지 돈도 안 되는 공부를 하며 살 거냐, 절대 안 된다!

이런 분위기 닷에 고3 기간 내내 모의고사를 봐도 지망학과에 심리학과를 쓰질 못했다. 그러다 결국 원서 내는 마지막 날, 부모님이 원하는 대로 집 앞에 있는 등록금 싼 국립대를 가되 학과는 내가 원하는 곳으로 간다는 조건으로 허락을 받았다. 물론 그렇게 허락받기까지 엄청난 갈등과 긴장의 시간을 버텨 내야 했다. 마침내 아버지는 "네가 그렇게 원하는 걸 부모가 막으면 가서 공부는 제대로 하겠니……. 너 원하는 대로 하렴." 하시며 눈물을 훔치셨다. 이렇게까지 부모님 마음을 아프게 하며 심리학을 공부해야 하나 무거운 마음으로 학기를 시작했다. 공부에 대한 열망에 부모님을 실망시키지 말아야겠다는 책임감까지 더해져 학부 과정과 대학원 과정을 잘 마칠 수 있었다.

상담자는
실력으로 승부한다

'학부 때 전혀 다른 공부를 했는데, 상담자가 되려면 대학교부터 새로 들어가야 하나요?'

'나이가 이미 많고 오랫동안 다른 직업을 해 왔는데 이제 와서 길을 바꾸면 너무 늦어서 실패하지 않을까요?'

다른 길을 걷다가 이 직업을 선택하려 하는 사람들이 자주 하는 질문이다. 자세한 것은 뒤에서 다루기로 하고, 타이밍에 대해서만 답해 본다면 한마디로 간추릴 수 있다.

'적기는 없다.'

내가 하고 싶다고 생각했을 때 바로 그때가 가장 좋은 시기이다. 나이가 몇이든, 어떤 전공을 했든, 어떤 직업에서 일을 해 왔든 당신이 경험하고 공부한 모든 것이 다 상담에는 유용한 재료가 된다. 아니, 당신의 인생 자체가 모두 풍부한 재료다. 어떻게 살아왔든지 말이다. 당신이 여자든 남자든, 청년이든 중년이든 혹은 노년이든, 결혼을 했든 안 했든 상관없다!

아주 단순하게 말하자면, 당신이 사람이면 그걸로 충분하다. 필요한 것들은 하나하나 준비해 가면 된다. 사람마다 외모가 다르듯이 장단점도 다르다. 자신의 장점을 기반으로 부족한 부분들은 꾸준히 보완해 나가는 것이 중요하다. 상담심리사가 되기 위한 과정은 장기리 마라톤과 같다. 평생 동안 실력을 쌓아야 하는 직업이므로, 당신이 이 일을 좋아하기만 한다면 언제든지 충분히 할 수 있다.

사람들은 성공하려면 첫 단추를 잘 꿰어야 한다고 말한다. 그러기 위해 '스펙'을 잘 갖추고 그럴듯한 직장에 다니면서 인맥을 활용해 단기에 승진하는 것이 성공하는 삶이라 말한다. 하지만 나는 학교나 인맥은 상관없다고 말하고 싶다.

상담은 실력으로 승부하는 분야이다. 좋은 스펙이나 학벌이 주는 유익이 어느 정도 있긴 하지만, 여기에 목매야 할 만큼 절대적인 조건은 아니다. 당신에게 맞는 최고의 학교는 자신의 현 상태, 즉 공부할 수 있는 기간, 가능한 금액, 거주지, 학업에 쏟을 시간과 에너지 등을 고려하여 선택하면 된다.

석사 과정은 아주 기본적인 출발점이기 때문에 기본 과정을 충실히 배울 수 있는 학교라면 어느 학교든 괜찮다. 대학원 입학에 너무 오랜 시간을 쏟기보다는 그 이후 경력을 성실히 잘 쌓아 가는 게 더 중요하다는 말이다.

당신이 전문가로서 실력을 쌓고, 인간성이 좋다면 당신과 함께 일하려 하는 사람들은 자연스레 많아진다. 실력이 있으면 상담을 받아 본 사람들이 입소문을 내고 자연스레 다른 내담자를 데려온다. 또한 동료 상담자들도 믿고 추천해 준다. 나 역시 지인들이 상담자를 추천해 달라고 할 때, 유명한 기관보다는 내가 신뢰하는 사람을 추천한다.

그러니 내가 지금 걸어가고 있는 그 길 위에서 만난 사람들이 내 친구요, 선배요, 스승이라고 생각하자. 상담자 사회에서 인맥은 본인 하기 나름이다. 마음과 마음은 연결되어 있기 때문에, 내가 먼저 다가가서 상대에게 손을 내밀면 대부분 그 사람도 손을 마주 잡아 준다. 진심은 통하기 마련이다. 문이 닫혀 있다고 걱정만 하기보다 먼저 두드려 보자.

상담자로 가는
첫걸음

상담자가 되기로 결심하고 나는 심리학과를 선택했다. 하지만 꼭 심리학과를 선택해야 하는 것은 아니다. 상담과 밀접한 전공으로는 상담 및 임상심리학, 교육상담학, 정신의학, 사회복지학, 정신건강의학과를 꼽을 수 있다.

정신의학은 의학적 모델에 근거하여 정신장애를 치료하고 연구하며 주로 약물로 치료하는 반면, 임상심리학은 효과적인 치료를 하기 위해 정신장애에 대한 평가 및 진단을 강조한다. 사회복지학은 정신장애를 일으키는 사회환경적 요인에 초점을 맞추어 가족 및 지역사회 자원과 연계를 강조한다. 한편 얼핏 봐서는 상담심리, 임상심리, 교육상담이 비슷해 보여서 전공을 선택할 때 많이들 어려워하는데, 이해하기 쉽게 간단히 설명해 보겠다.

만약 당신이 학교상담이나 예방상담에 관심이 있다면 교육학을 기반으로 하는 교육상담학을 전공하는 게 좋으며, 병원에서 심리검사를 실시하거나 정신질환을 앓고 있는 내담자를 상담하고 싶다면 임상심리학을 전공하는 게 좋다. 대상이 그 중간이라면 상담심리학을 전공하는 게 좋다. 요즘은 임상과 상담을 따로 나누지 않고, 상담 및 임상심리학으로 개설되는 학교가 꾸준히 증가하고 있어서 학생들이 선택할 수 있는 폭이 더 넓어지고 있다.

하지만 앞에서도 말했듯이 상담전문가가 되는 데에, 학부 때 어떤 공부를 했느냐는 그리 중요하지 않다. 어떤 학문을 접했든 내담자를 이해하는 데 도움이 되기 때문에 대학원을 진학해서 학기 초에 학부 수업을 보충해 들으면 된다. 대학교 진학을 고민 중인 고등학생에게는 심리학과를 권하고 싶다. 처음 어떤 학문을 접했느냐에 따라 세상을 바라보고 이해하는 시각이 조금씩 다르기 때문이다. 심리학은 인간의 마음과 행동을 연구하는 학문으로 상담을 공부하기 위한 기초 학문으로서 훌륭한 자양분을 제공해 준다.

심리학과를 지원할 때는 대부분, 사람에 대해서나 자신에 대해서 알고 싶다는 막연한 바람과 심리학에 대한 로망을 가지고 대학에 진학한다. 하지만 심리학이 워낙 깊이 있고 광범위한 학문이라, 기본적으로 배워야 하는 개념과 원리가 많다. 심리학의 기초 과목들은 대부분 인간의 몸이 마음에 미치는 영향을 전체적으로 조망하는 데 필요한 내용이다. 신체구조와 호르몬의 작용을 외우고, 뇌 모형을 만들고, 쥐 실험을 하고, 과학적인 입증을 위해 4년 내내 통계를 공부한다.

그러다 보니 막연한 생각으로 진학했던 학생들은 수업 내용이 기대했던 바와 너무 다르다며 갈피를 잡지 못하고 방황하기 시작한다. 매 학기 때마다 안 보이는 사람들이 생겨나고, 고등학교 때 배웠던 생물과 수학 수업의 연속이라며 힘들어하는 학생들도 많다.

학부 때는 한 분야를 깊이 있게 배우기 전에 심리학의 다양한 학문들을 하나하나 훑으며 기초 개념들을 정리해 가는 수업이 진행된다. 방대한 지식을 습득해야 하는 작업이 꽤 어렵지만, 내가 원하는 공부를 위해 반드시 거쳐야 하는 과정이기 때문에 인내를 가지고 꾸준히 공부하면, 차츰 차츰 개념들이 쌓이고 가속도가 붙어 아주 빠른 속도로 학습하게 된다. 그래서 설혹 자신이 교과 내용을 잘 이해하지 못하는 것 같고 흥미가 생기지 않더라도 포기하지 않고 꾸준히 공부하다 보면 어느 순간 전체적으로 꿰맞춰지면서 그림이 그려질 것이다.

심리학은 대상에 따라 영유아부터 노인 심리학까지 배울 수 있고 세부 분야 또한 다양하다. 발달심리학, 사회심리학, 인지심리학, 지각심리학, 성격심리학, 문화심리학, 조직 및 산업심리학 등 인간에게 영향을 주는 여러 영역들에 대한 시야를 넓고 깊게 만들어 주는 학문들이다.

대부분의 교과과정이 비슷하게 구성되지만, 교수진에 따라 학교마다 차이가 있다. 그러므로 대학교나 대학원을 선택할 때는 홈페이지에서 해당 학과의 교과과정을 확인하고 어떤 영역의 전공 교수님들이 있는지 살펴봐야 한다. 학교마다 재직 교수의 전공과 관심 분야에 따라 특화된 영역이 다르기 때문에 교수의 최근 연구 동향을 점검하거나 게시판에 올라온 수업자료들을 살펴보면서 자신과 맞는지 확인해 보는 것이 좋다.

또 교환학생제도에 관심이 있다면 그 학교가 어떤 외국 학교와 자매결연이 되어 있는지, 어떤 프로그램들이 진행되고 있는지 등 학과뿐만 아니라 학교에서 제공하는 전체 서비스도 살펴보면 유익하다. 아직 특별히 선호하는 세부 전공이 없다면, 학부 때는 한 영역에만 편중되기보다는 폭넓고 다양하게 배울 수 있는 교과과정이 개설된 학교를 추천한다. 또한 관심 있는 전공 수업이 학기별로 체계적으로 개설되어 있는지, 전공필수 수업 이외에 선택할 수 있는 수업들이 어떤 내용들인지 점검해 보는 것도 좋다. 또 입학 조건, 학부나 대학원에서 이수해야 하는 총 학점과 졸업 요건을 점검한 후 자신의 학업능력 및 경제 조건 등을 고려하여 선택하는 게 중요하다.

다양한 공부가
좋은 상담자를 만든다

다양한 학문과 현장을 경험할수록 상담에 깊이를 더할 수 있다. 나는 고등학생 때부터 상담심리를 전공하겠다고 결정을 했지만, 학부생들을 대상으로 최초로 개방되었던 생리심리 lab에 지원했다. 전공으로는 상담을 생각하고 있지만 다양한 분야를 탐색해 보고 싶었기 때문이다. 다행히 기회가 주어져 방학 동안 대학원 선배들과 교수님들을 도와서 실험 설계를 보조하며 관련 학계 전문가의 세미나를 들을 수 있었다.

또 한 학기 휴학을 하는 동안, 연구소에서 뇌파와 시각을 이용한 집중력 향상 프로그램을 개발하는 연구를 보조했다. 지역 청소년 상담복지센터에서 전화상담 봉사활동을 하거나 대학병원 심리검사실에서 봉사활동을 하면서 지냈다. 특정 분야로 제한하지 않고 기회를 찾아 적극적으로 움직이다 보니, 심리학 전공자의 다양한 직업적 장면을 경험하게 되었고, 그로 인해 오히려 내가 원하는 바가 무엇인지 더 명확하게 알 수 있었다.

학부 때 심리학을 전공하면서 복수전공이나 부전공을 고려하는 경우에는 철학이나 교육학, 사회복지학을 권하고 싶다. 교육학은 아동부터 청년까지 교육이 미치는 영향이 큰 만큼 전체적인 교육

흐름과 교육 방법에 대한 이해를 높일 수 있다. 사회복지학은 인간에게 미치는 사회환경적 요인과 복지 차원의 개입을 이해하기 좋다. 그리고 철학은 무엇보다 인간을 바라보는 관점을 형성하는 데 도움이 된다.

주요 상담 이론들을 살펴보면 사람과 세상을 보는 관점에 따라 방향과 내용이 다르다는 것을 알 수 있다. 각각의 이론들을 깊이 있게 이해하고, 그 안에서도 자신만의 시각을 형성하려면 철학을 공부하며 생각을 정리하는 작업이 많은 도움이 된다. 외국에서는 중고등학교 교과과정의 철학 수업을 통해 어느 정도 사유력이 길러지지만, 우리나라는 수업 내용이 거의 시험을 위한 암기에 치중되어 있어서 그렇지 못한 점이 참으로 안타깝다. 철학을 전공하지 않더라도 혼자 공부하기보다 함께 스터디 모임을 구성해서 책을 읽고 토론하면 이런 점을 보완할 수 있다.

나는 철학 공부를 하고 싶어서 교양으로 철학 수업들을 들었는데 고등학교 수업과 별반 다르지 않아 따로 스터디 모임을 만들었다. 전문적으로 지도해 줄 사람은 없지만, 마음이 맞는 사람들과 함께 정기적으로 만나 관심 있는 책을 읽고 토론할 수 있었다. 어느 누구의 눈치도 보지 않고 마음껏 고민하고 생각을 나누었다. 서로 전공도 가치관도 다르다 보니, 같은 책을 읽어도 바라보는 시각과 이해하는 내용이 달라서 토론은 끝이 없었다. 정답이 없는 만큼 자신의 생각을 소신껏 이야기한 후 상대의 의견을 귀 기울여 듣고 관련 책들을 찾아서 정독하며 생각의 깊이를 넓혀 갔다. 사고가 깊어질수록 나 자신이 생각의 주체가 되었다. 학점을 받기 위한 공부를 할 때는 교수님의 시각을 통해 전공지식을 마냥 흡수하기만 했는데, 이 시간을 통해 내가 평소 하는 생각과 말들을 꼼꼼히 살펴볼 수 있었다. 나의 평소 생각과 말들은 어디서 기원했나, 누구의 영향을 받은 걸까. 살펴볼수록 매스미디어의 영향이 크다는 점을 깨닫고 섬뜩하기도 했다. 사람들이 상담을 공부하고 싶은 이유를 물으면 '사람을 돕고 싶어서'라고 말했는데, 생각해 보니 돕는다는 말은 남이 하는 일이 잘되도록 거들거나 힘을 보탠다는 뜻이지만 평소 쓰이는 문장들을 살펴보면 내가 상대보다 우월하다는 기본 전제가 깔려 있는 게 아닌가. 그렇게 인식이 되자 가급적 돕는다는 표현보다는 '함께한다, 함께 길을 걷는다'고 말하려고 노력하게 되었다. 이런 사소한 생각의 변화가 태도를 바꾸었다. 어찌 보면 성적과 전혀 상관없는 작업 같아 보이지만, 방대한 상담 이론을 이해하며 나만의 관점을 형성하는 과정에서 강력한 힘이 되었다.

사람을 이해하는 무수한 심리학의 이론들도 실은 '인간을 어떻게 바라보는가.'라는 개인의 관점에서 출발한다. 또한, 인생에서 가장 중요하게 여기는 '성공'이나 '행복'을 개인이 어떻게 정의하느냐에 따라 삶에 대한 관점도, 삶의 방향도 달라진다. 상담도 마찬가지이다.

내담자가 상담 목표를 막연히 행복하게 살고 싶다, 성공하고 싶다고 말하는 경우가 있다. 하지만 행복과 성공을 무엇이라고 정의하느냐에 따라 상담의 세부 목표나 방향도 변하므로, 자신만의 관점을 정리하는 작업이 선행된다. 그러다 보니 막연한 호소 문제가 인생의 실존적인 질문이 되어 자신의 삶에 대한 깊은 사색으로 이어지기도 한다.

　더 풍부한 경험을 쌓기 위해 나는 학부 2학년 때는 교직 이수를 선택했다. 교육학 수업과 교생실습을 통해 시대에 따라 끊임없이 변하는 교육 철학과 그 방법들을 살펴볼 수 있었고, 개인에게 영향을 미치는 거대한 교육 시스템과 현실을 거시적 관점에서 바라보는 계기가 되었다. 그 과정이 학교와 청소년을 이해하는 데 큰 도움을 주었다. 들어야 하는 교육학 수업이 많아, 전공 수업과 병행하려니 쉽지 않았지만 교과과정에서 교육심리학의 비중이 높아서 나름 수월하고 재미있게 들었다. 임용고시를 볼 생각이 없었기 때문에 타 학생들에 비해 스트레스도 덜 받으면서 암기보다는 마음껏 수업 내용을 곱씹으며 인간을 이해하는 또 다른 틀로 정리해갔다. 물론 교사자격증을 받으려면 학점이 좋아야 하니 시험기간에는 교수님 시각에 맞게 수업 내용을 암기했지만, 심리학과는 또 다른 학문적 재미를 느끼며 공부할 수 있었다.
　특히, 마지막 학기에 진행되는 교생실습은 내게는 큰 경험이 되었다. 교생실습은 다른 일과 병행할 수 없기 때문에 대부분의 학생들은 한 번 할 때 좋은 학점을 받기 위해 모교를 선택했다. 나도 처음에는 당연히 모교를 염두에 두고 있었는데 다시 생각해 보니 평소 관심 있었던 대안 교육을 가까이에서 살펴볼 수 있는 아주 좋은 기회란 생각이 들었다. 해당 학교에서 날 받아줄지, 좋은 학점을 받을 수 있을지 보장된 게 아무것도 없지만 스스로를 믿고 시도해 보기로 했다.

평소 매력적이라고 생각했던 교육 방식을 선택해서 운영하고 있는 대안학교가 있어서 그곳으로 교육청에 신청했다. 안 된다고 하면 어쩌나 걱정하며 답변을 기다리고 있었는데 우려와 달리 흔쾌히 승낙을 받았다. 외딴 시골에 있는 데다 전원 기숙사 학교라, 짐을 싸서 내려갔다. 방이 없어서 학생들과 같이 방을 쓰면서 지내야 한다는데, 과연 잘 해낼 수 있을까? 설렘 반, 염려 반 들뜬 마음으로 첫날을 시작했다. 교과과정에 심리학 과목이 없어서 윤리 과목 선생님을 보조해 수업을 진행하고 방과 후 학습이나 동아리 활동을 관리하는 업무를 도왔다. 기숙사에서 살다 보니 오랜 시간을 학생들과 함께 보낼 수 있었고 교사들과도 더 친밀하게 어울릴 수 있었다. 수학여행에 가서 학생들보다 더 신이 나서 청룡열차를 몇 번이나 연거푸 타기도 하고, 연애 고민으로 속으로 끙끙 앓는 아이들의 얘기를 듣다 밤을 지새우기도 하고, 시집가고 싶은 노처녀 선생님의 한숨을 들으며 저녁시간을 보내기도 하고, 방과 후엔 미술 선생님께 스케치 지도를 받기도 하고, 선생님이나 학교에 대한 학생들의 불만을 들으며 머리 맞대고 대책을 세우기도 하고…….

그 시간들을 통해 학업 이외에 사춘기 학생들이 겪는 여러 이슈에 대해 학교와 교사가 어떻게 접근하는 것이 가장 올바르고 효과적인지에 대해 실제적인 고민을 하게 되었다. 교사들과 학생들의 입장이 다르다 보니, 서로 신뢰가 부족하거나 소통이 안 될 경우에는 아무리 좋은 의도를 가지고 있다 해도 합의점을 찾기가 어려웠다.

교생실습이 끝나갈 무렵, 실습 점수를 주는 담당 선생님이 이 학교에 대한 평가 보고서를 작성해서 제출하라고 하셨다. 점수를 잘 받아야 자격증이 나오기 때문에 학교의 장점을 주로 쓰는 게 낫지 않을까 싶었지만, 비록 일개 교생의 시각이라도 제3자로서 느낀 점들을 솔직하게 말하는 게 학교에 도움이 될 것 같았다. 혹여 학점을 낮게 받더라도 소신껏 쓰기로 마음을 먹고 비판적인 입장을 취하며 적어 내려갔다. 인상적으로 다가왔던 이 학교의 교육원리와 시스템이 몇 년이 지나면서 잘 운영되지 않고 있다는 점들과 그로 인해 일어나는 문제들을 지적하고 나름의 해결방안을 작성해서 제출했다. 보고서를 쓸 때는 어떤 결과든 감내하리라 자신했건만, 정작 학점이 나올 때쯤 되자 점수가 나쁘면 또 교생실습을 해야 한다는 생각에 마음이 심란해졌다. 다행히도 다시 교생실습을 하는 일은 없었다.

본격적인
상담심리 공부

대학원에서는 본격적으로 상담심리학의 주요 이론들에 대해 공부한다. 상담 이론은 인간을 보는 시각과 상담자의 강점에 따라 정신분석, 인간중심, 인지행동, 실존주의, 게슈탈트 등 다양하게 나뉜다.

저음에는 방대하면서도 깊이 있는 이론들 앞에 압도당하기도 하지만 공부하다 보면 이보다 재미있는 학문도 없을 것이다. 나는 이내 책 속의 통찰력과 지혜에 반했다. 석사 과정 동안 주말에도 두꺼운 전공책을 애인마냥 꼭 붙들고 읽다가 울기도 하고 웃기도 하는 모습을 보며, 어머니는 그 책이 그리도 재미있냐고 자주 물으셨다. 그랬다. 나는 내가 경험한 것보다 훨씬 더 큰 세상을 보여 주는 학문의 세계가 우주처럼 새롭고 경이로웠다. 또한, 학부 때와 달리 상담심리학을 중점적으로 공부하면서 전공책들이 마치 소설책인 것처럼, 한번 읽기 시작하면 손에서 놓을 수 없을 정도로 빠져들었다. 한 문장 한 문장이 지난 내 어린 시절과 지금의 내 삶을 돌아보게 만드는 데다 새로운 것을 깨달아 가는 기쁨에 뭐라 말할 수 없을 정도로 설레었다. 그동안 내가 이 공부를 하기 위해 학부 때 그토록 다양한 학문을 거쳤구나 싶었고 그 기간을 잘 버틴 스스로가 기특하게 느껴졌다.

대학원을 진학할 때 가장 중요하게 점검할 부분은, 그 학교에 수퍼바이저 자격증을 취득한 상담 교수가 있는지 확인하는 것이다.

수퍼바이저란, '상담한 내용을 전문적으로 평가하고 교육·지도하는 전문가'를 말한다. 학회에서 인정하는 수퍼바이저에게 수퍼비전을 받으면 졸업 이후 자격증을 취득하는 데 유리하다. 상담자 자격증을 취득하려면 학회에서 정한 수퍼비전 횟수를 채워야 하는데 1회 받을 때마다 비용을 지불해야 해서 돈이 꽤 들어간다. 지도교수가 전문가 자격증을 가지고 있을 경우, 수업에서 받은 수퍼비전이 인정되기 때문에 그만큼 비용과 시간을 절감할 수 있다. 그래서 학교를 알아볼 때 전공 분야 교수님들이 수퍼바이저 자격증을 취득하셨는지, 해당 학회에 가서 전문가 명단을 검색해 보는 게 현명하다. 또 졸업 이후 상담하려는 대상, 분야, 기관이 명확하다면 그 분야에서 경력을 오랫동안 쌓고 현재 왕성하게 활동하고 있는 교수님을 찾아가는 것도 좋다.

타 학교로 대학원을 진학할 경우 학부에서 어떤 수업들이 이루어졌는지 살펴보고 배우지 않았던 과목은 게시판에 올린 수업 자료나 강의계획서에 나온 강의 교재를 구입하여 시험 준비를 할 수 있다. 세부 전공을 선택할 때도 대학원 수업 자료를 보면 어떤 전공에 더 흥미가 가는지 알 수 있다. 대부분 상담을 공부하기 위한 세부 전공으로 상담심리학이나 교육상담학 또는 임상심리학을 선택한다.

교육상담학은 학생 교육과 관련된 상담 분야이다. 학교나 일반

상담기관에서 학생이나 부모, 교사를 상담하며, 문제 예방 기능에 초점을 맞춘다. 요즘은 학교폭력, 자살, 인터넷 중독, 가출 등 청소년 문제가 심각해져, 위기 케이스와 문제 영역별 증상에 대한 깊은 이해와 대처 능력이 요구된다.

상담심리학은 상담 실습에 초점이 맞추어져 수업이 진행되며 심리검사도 배운다. 기본적인 심리검사 수업은 임상 전공생이나 상담전공생이 같이 배우지만 심층적인 심리검사는 임상심리전문가가 실시하고 평가한다.

임상 전공생들과 상담 전공생들은 수업 내용이 많이 겹치지만, 졸업 이후의 수련 코스가 나뉘면서 서로 다른 길을 걷게 된다. 상담 전공자는 상담심리사가 되기 위해 상담기관에서 다양한 상담 사례를 접하며 상담 수련을 받는 반면, 임상 전공자는 내담자의 문제를 빠른 시간 내에 객관적으로 파악하기 위한 심리 평가 능력을 키우기 위해 병원에서 검사 수련을 받는다.

이처럼 상담을 전공하더라도 어떤 길을 선택하느냐에 따라 조금씩 차이가 있는 만큼, 자신에게 맞는 것이 무엇인지 충분히 고려하고 결정을 내리는 것이 좋다.

나는 임상과 상담이 지닌 각각의 매력 때문에 대학원에 진학할 때 임상을 전공할지, 상담을 전공할지를 놓고 무척이나 고민했다. 원래 하고 싶었던 전공은 상담이었지만, 심리평가에 유용한 심리검사를 깊이 있게 해석하며 초기 진단을 강조하는 임상적 접근도

흥미로웠다. 그래서 석사 과정에서 임상심리 과목을 많이 수강하고 산업인력공단에서 발급하는 임상심리사 자격증을 취득하기도 했지만, 병원 수련을 위한 시간을 내지 못한 점이 두고두고 아쉽다.

임상심리에 끌리면서도 결국 상담심리학을 전공으로 선택했던 이유는 병원에서 환자를 보기보다 학교나 일반 상담기관에서 청년과 청소년들이 자신의 비전을 찾아갈 수 있도록 지지하는, 생동감 있는 상담을 하고 싶어서였다. 상담 분야에 입문하는 단계인 만큼 상담을 기초부터 체계적으로 배우고 싶은 마음도 있었다.

상담은 내담자의 가능성에 초점을 맞추고 여지를 열어 두는 반면, 임상은 효과적으로 케이스를 이해하고 치료하기 위해 초기 진단을 강조하며 정신장애분류체계 내에서 접근한다. 따라서 병리 이론과 심인성 질병 및 장애에 대한 깊은 이해를 바탕으로 내담자를 분석하여 효율적인 치료개입이 진행되도록 돕는 반면, 자칫하면 진단명 아래 제한된 시각으로 상담을 진행할 여지가 있다.

상담심리학은 내담자를 우선 진단하기보다 사례를 개념화하여 내담자의 문제 패턴과 발달 배경, 강점, 취약점을 이해하려 하기 때문에 보다 폭넓은 시각으로 내담자를 바라볼 수 있다. 반면, 문제의 원인을 너무 개인의 특성이나 성격으로 국한하여 자칫하면 생물학적 원인으로 인한 정신장애를 더 악화시킬 수 있다는 단점이 있다.

석사 때 어떤 전공을 공부했든 상담자는 자신의 전공이 가지는 강점은 살리되, 취약점은 꾸준히 보완해 가면 된다.

상담자의 도구
갈고닦기

상담자가 성장하기 위해서는 상담 이론 공부만큼이나 상담 실습
한 내용을 전문가에게 분석받는 수퍼비전도 중요하고, 자신의 문
제를 돌아보며 상담을 받는 교육분석도 필요하다. 석사 과정을 마
치면 대부분 자격증을 취득하기 위해 인턴십에 지원한다. 인턴 과
정은 교육비를 내고 수련을 받는 기관과 소정의 월급을 받으면서
수련을 받는 기관으로 나뉜다.

　교육기관의 대다수는 비용을 지불해야 하는 유료기관으로 자격
증 취득을 위해 한 학기 혹은 1년의 코스를 밟게 구성되어 있다.
석사 과정에서 기본 상담 이론 교육은 받았기 때문에 개인상담, 집
단상담, 심리검사 실시와 해석 내용에 대해 자격증별로 정해진 횟
수만큼 수퍼비전을 받는다. 한 사람에게만 받을 경우 그 사람의 방
식을 깊이 있게 배울 수 있다는 장점이 있고, 여러 명의 전문가에
게 받으면 각각의 전문가들이 강조하는 내용을 실제적으로 배울
수 있어서 유익하다. 초보자의 경우 한 사람을 선택하여 50% 이상
은 그 사람에게 받고, 나머지는 여러 전문가에게 골고루 받아 보는
게 좋다.

　수퍼비전은 상담자가 실제로 진행한 상담 사례의 내용을 전문가

에게 분석을 받음으로써 사례를 분석하는 방법과 상담 기술을 배우는 과정이다. 교육이긴 하지만 이를 통해 상담자로서 실제적이고도 개인적인 성장을 이룰 수 있다. 또 상담 과정에서 당면하는 어려움과 윤리적인 문제들에 대해서 도움을 받기도 한다. 이 과정을 통해 상담자가 여러 가지 스트레스로부터 보호받기도 하며, 문제에 대한 적절한 해결책을 창의적으로 찾아내는 능력을 기르게 된다. 수퍼비전은 전문적인 성장을 위해 계속 받아야 한다. 특히 전문가가 된 이후에도 동료 전문가들과 서로 자문을 주고받으며 상담자의 에너지 소진과 발달 정체를 경계해야 한다.

교육분석은 상담자가 전문가에게 직접 상담을 받음으로써 자신을 관찰하고 자각하게 하는 과정이다. 상담자는 완벽하지 않기 때문에 자신이 가지고 있는 문제로 인해 내담자와의 상담에 영향을 끼칠 수 있다. 그러므로 타인을 상담하기 전에 먼저 내가 어떤 사람인지 어떤 상태인지 알아야 한다. 내면에 어떤 상처가 있는지, 자신이 취약한 사람 유형이나 상황을 살펴보고, 자신의 문제로 인해 상담하는 과정에서 내담자에게 부정적인 영향을 주지 않도록 각별히 주의해야 한다. 이 과정에서 상담자 자신이 좀 더 성숙한 개인으로 성장할 수 있을 뿐 아니라, 자신을 상담해 주는 전문가의 상담 기술을 경험함으로써 상담자로서의 능력도 향상된다.

나도 여러 명의 전문가에게 교육분석을 받아왔다. 오랜 기간 동안 분석을 받으면서 내가 어떤 사람인지 전체적인 그림이 그려지고 난 후에는, 때때로 미처 해결되지 못했던 문제가 드러날 때마다 단기 혹은 장기로 분석을 받았다. 어떤 문제에 직면했을 때, 그와 관련 있는 책을 읽는 것도 노움이 된다. 하지만 전문가에게 상담을 받으면 본질적인 문제를 더 객관적이면서도 깊이 있게 살펴볼 수 있고, 더 효과적으로 해결해 갈 수 있다. 또 내 문제에 대해 상담을 받으면서 배우고 싶은 전문가의 기술을 빠르게 습득할 수 있어서, 동료들에게 고액 과외를 받는다고 말하기도 한다.

나의 자질을 확인하고
시험하는 자격증

대학원에서 공부할수록 상담이란 분야가 얼마나 방대하고 깊은지 깜짝 놀라게 된다. 심리학자들의 이론은 지나온 세월 동안 쌓인 깊이만큼이나 심오하고 방대하다. 새롭게 쏟아지는 치료기법들도 접할 때마다 배우고 싶을 만큼 흥미롭다. 이론과 기법 이외에도 상담받는 대상에 관한 공부와 상담 운영방식에 대해서도 스스로 찾아서 공부해야 한다. 아동심리학부터 노인심리학까지 상담받는 대상의 발달 단계에서 고려해야 하는 영역들이 무엇인지 살피고, 어떤 방식으로 상담을 진행하는 게 좋을지 알아보려면 개인상담, 커플상담, 6명 이상의 집단상담, 비대면의 경우 채팅, 문자 등 매체상담에 관한 공부도 해야 한다. 상담뿐만 아니라 심리검사 실시방법과 해석방법도 배운다. 공부할 영역이 어디서부터 어디까지인지 알기 어렵고 분량이 너무 많아서 막막할 수 있는데, 자격증을 기준으로 방향을 잡으면 한결 가볍다. 상담 공부는 죽을 때까지 할 테니 크게 심호흡하고 일단 석사과정에서는 2급 자격증을 목표로 자격요건을 충족하기 위한 시험 과목, 그리고 실습영역과 횟수를 정한다. 구체적인 세부 내용은 부록에 자세히 설명해 두었다.

집단상담과 학회 심포지엄, 상담사례 분회에 참여하면서 상담

이론을 공부한 뒤 필기 시험을 치른다. 내담자를 만나게 되면, 접수 면접과 개인상담, 심리검사를 실시하고 해석상담을 실시하면서 수퍼바이저 한 사람에게 잘 진행하고 있는지 수퍼비전을 받다가 공개적으로 두 사람 이상의 수퍼바이저에게 수퍼비전을 받고 나면 어느새 자격증을 위한 실습은 채워지게 된다.

이때 학교 내 상담센터에서 수련을 받는 게 가장 좋지만 모집하는 수련생의 수가 제한적이고 수련 시스템을 갖추지 못한 학교가 여전히 많아서 개인적으로 수련을 받아야 하는 상황이다. 지금도 여전히 수련은 학생들의 개인 몫으로 남겨져 있다. 이를 바꾸기 위해 많은 사람이 고군분투하며 각자의 자리에서 법제화를 위해 노력하고 계신다는 걸 잘 알고 있다. 그 노력이 결실을 맺어 학생들이 학위과정 내에서 자격증을 취득하길 진심으로 소망한다.

수련을 개인적으로 받아야 할 경우 교육을 받거나 상담을 진행하는 기관들이 모두 상이할 수 있으므로 전체 진행에 대해 감독하고 지도해 줄 수련 감독관을 찾는 것이 먼저다. 누구에게 지도를 받고 수퍼비전을 받을지 알려면 일단 전문가들을 많이 만나 볼 기회가 있어야 하고 내가 어떤 접근법을 선호하는지도 알수록 더 수월해질 수 있다.

학부를 마친 경우 국가자격증인 청소년상담사 3급을 응시할 수 있고, 합격하면 정부산하기관인 한국청소년상담복지개발원(이하 한청원)에서 운영하는 자격연수를 받으면서 다양한 영역의 전문가 강의를 들을 수 있다. 학회나 한청원에서 제공하는 교육은 어느 정도 검증이 된 강사들을 섭외하는 데다 비용도 비교적 저렴하기 때문에 처음 접하는 경우 이를 먼저 활용하는 게 효율적이다. 특히 한청원에서는 매회 강의평가를 엄격하게 진행하고 있어서 꾸준히 강의를 하고 있는 전문가라면 교육 면에서는 어느 정도 신뢰할 수 있다.

수업을 들으면 강사가 내담자를 어떻게 바라보며 어떤 식으로 상담을 하는지 그 사람의 가치관과 철학이 자연스레 전해지게 된다. 그러므로 명확하게 선호하는 이론이나 접근법이 없거나 전문가의 가치관이 중요한 경우 수업을 먼저 접하면서 찾는 것도 좋다. 또는 유료기관에서 상담자나 수련생이 아니라 일반인을 대상으로 상담을 오랫동안 활발히 진행하고 있는 전문가를 찾는 것 또한 좋다. 대부분의 일반인은 매회 내는 상담료와 찾아가는 시간과 노력 대비 상담의 성과가 높지 않은 경우 상담을 이어가지 않기 때문에 기관의 주 고객층이 일반인이며 장기상담의 비율이 높은 전문가를 찾는다면 대상에 맞게 상담을 효과적으로 진행하고 있는 전문가만의 노하우를 배울 수 있을 것이다.

개인적으로 수련할 때 상담을 진행할 수 있는 곳을 찾는 게 가장 어렵다. 예전 석사과정 시절을 떠올려 보면, 교내 상담센터에서 수련을 받지 못하게 된 동기들이 종종 교내 게시판에 본인이 석사과정 학생임을 밝히고 무료상담을 제공하되, 전문가에게 수퍼비전을 받으며 진행할 것을 안내하고 모집하는 경우를 봤었다. 만약 청소년상담사 자격증을 딸 수 있다면 청소년 관련 상담기관이나 복지기관에서 시간제 동반자 또는 자원봉사자로 상담과 심리검사를 진행하는 방법을 모색해 볼 수 있으므로 먼저 자격증 준비를 해보길 추천한다.

신뢰할 수 있으며 배우고 싶은 수퍼바이저를 찾았다면 가능한 사례 하나를 꾸준히 그 사람에게 수퍼비전을 받아보길 추천한다. 여러 사례를 받는 것도 좋지만 초기에는 비슷한 실수를 반복하기 때문에 하나의 사례로 가능하면 매회기 수퍼비전을 받으며 준비해 가다 보면 어느새 쑥쑥 자라있는 자신을 확인하게 될 것이다. 현재 시장에서 인정받는 학회 자격증은 한국상담심리학회와 한국상담학회이다. 양 학회 자격증을 모두 취득할지 그중 하나만 취득할지 그 부분은 개인의 선택이라고 생각한다.

내 경우에는 취업을 위해서는 2급 자격증이 급하게 필요했기 때문에 한국상담학회 2급 자격증을 먼저 준비했고, 한국상담심리학회 자격증은 바로 1급을 준비해서 취득했다. 처음부터 1급을 준비하면 시간이 너무 오래 걸리기 때문에 전략적으로 나눠서 준비했고, 취업한 이후에는 기관예산에서 수퍼비전과 교육 비용도 지원받을 수 있는 데다 지속해서 상담과 검사도 진행할 수 있어서 훨씬 수월했다.

자격증의 마지막 관문인 면접에서 지인들이 여러 차례 떨어지는 걸 보면서 더 긴장하게 되었다. 한번은 심사위원의 질문에 도저히 답이 생각나지 않아서 정직하게 말씀드리고 내가 아는 범위 내에서 다른 영역과 연결시켜 응용한 대답을 하기도 했다. 심사위원들도 면접자가 비록 어눌하게 말하더라도 해당 영역에 대해 어느 정도 전공 지식을 가졌는지 확인되고 사례를 보는 관점과 태도가 최소한 검증되며, 지향하는 방향성과 앞으로 노력해 갈 의지를 확인하면 부족하다 해도 응원하는 마음으로 합격점을 준다.

사람을 공부하고 사람의 마음이 회복되는 과정을 함께한다는 건 평생 공부하겠다는 태도가 없이는 한 걸음 한 걸음이 버거울 수밖에 없다. 그렇기 때문에 조바심이 나더라도 공부하는 만큼 배운 지식을 나 자신에게 적용하며 천천히 따스하고 친절하게 스스로를 믿어주며 한 걸음 나아가다 보면 무엇보다 내가 배운 지식이 내 삶에서, 그리고 내담자의 삶에서 살아 빛나는 걸 경험할 수 있게 된다.

어린 시절엔 나 또한 어디로 갈지 몰라서 어린 시절부터 꿈꿔왔던 교사의 길을 다시 가고 싶어질까 봐 기회가 주어졌을 때 심리학 교사, 전문상담교사 자격증을 취득해 놨었다. 검사를 잘하고 싶은 마음에 산업인력공단 임상심리사 자격증도 취득하고 가족상담을 비롯한 다른 영역들에서도 전문가 자격증을 취득했지만 상담실력에 가장 큰 도움이 된 공부는 크고 작은 자격증 관련 전공 공부가 아니었다. 사소한 지식이라도 내 삶에 적용해서 실천하며 변화를 가져오기 위해 정직하게 씨름했던 순간들이었다.

아무도 알아주지 않고 그 어떠한 수료증이나 자격증도 주지 않기 때문에 오히려 소홀하기 쉽고 미루기 쉽다. 나 자신과 대면하는 그 시간, 그 노력이 실제 내 삶을 더욱 깊이 있고 행복하게 만들어 줬고 그만큼 내담자를 이해하는 폭도 더 깊고 유연해졌다. 나 자신을, 내 가족을, 내 지인과 동료들을 이해하고 조화를 이루며 살기 위한 씨름들이 쌓이면 나라는 사람 자체가 변하기 때문에 그 변화는 자연스레 내담자에게도 진정성 있게 와닿는다.

상담자로 일하기 위한 첫 관문, 취업

요즘 어느 전공을 불문하고 졸업 이후 첫 직장이 평생을 좌우한다는 말 때문에 졸업생들이 첫 직장은 번듯한 곳에 가려고 취업준비생으로 남는 경우가 많다. 상담 분야에서 첫 직장은 자격증을 취득하지 않은 이상 갈 수 있는 분야가 무척 제한되어 있다. 과거에는 상담 관련 학과가 적고 전공자가 부족해서 학교 졸업장만으로도 상담기관에 취업이 가능하였으나 지금은 채용 조건에 상담을 실시할 수 있는 기본 자격인 2급 자격증을 요구하고 있다. 그래서 대부분의 졸업생들이 자격증을 취득하려고 1년 정도 수련을 받는다. 자격증을 빨리 따기 위해 석사 과정 동안 학교 내 학생상담센터에서 혹은 외부 사설 기관에서 수련을 병행할 수도 있으므로 자격 취득을 위한 조건들을 미리 파악해 두면 시간을 아낄 수 있다. [*]
가능하면 학교 내에 있는 학생상담센터에서 미리 현장 경험을 쌓는 게 유용하다. 매월 일정금액의 장학금을 받는 조교나 근로장학

[*] 취업 분야, 취업에 필요한 자격증, 일할 수 있는 기관에 대해서는 '부록2'와 '부록3'에 정리해 두었다.

생 혹은 자원봉사자로 직원들의 업무를 보조할 수 있으므로 학과 사무실이나 학생상담센터로 연락해서 절차를 미리 확인해 보는 것도 좋다.

석사 과정생들은 학생상담센터에서 수퍼바이저의 감독하에 접수면접 또는 상담 실습을 하거나 간단한 심리검사를 실시하고 채점하기, 집단상담 시작하기 전에 장소를 세팅하거나 구성원들에게 연락하기, 보고서 작성을 위한 기초자료 만들기, 센터에 처음 방문한 사람들에게 상담 절차를 안내하거나 스케줄을 짜고 연락하기 등의 기본 업무를 맡게 된다. 센터가 얼마나 활발하게 운영되고 있는지, 수퍼바이저가 몇 명이나 있는지, 실습 시스템이 체계적인지 여부에 따라 석사 과정생들이 수련을 받을 수 있는 폭의 차이는 매우 크다. 그러므로 가급적 전공 교수진들이 자격증을 소지하고 있고, 학생상담센터에서의 실습이 체계적으로 운영되는 학교로 진학하는 것이 좋다.

내 경우에는 대학원에 입학하기 전, 학과에서 학생상담센터 연구조교를 해 보겠냐고 연락이 와서 학기 시작과 함께 센터에서 일을 하게 되었다. 동시에 집단상담의 대가이자 존경하는 교수님이 운영하는 연구소에서 인턴을 하게 되어 자격증 취득을 위한 상담 수련 시간을 단축할 수 있었다. 전공수업만 들을 때 자칫하면 상담을 학문적으로만 이해할 수 있는데, 대학상담센터와 사설 상담연구소에서 일하면서 현장에서 소통되는 운영 방식과 상담 프로그램을 경험할 수 있었다. 또한 당시 교수님이 학회 회장으로 계셔서 학회 활동을 지원하면서 학교 밖에서 진행되는 여러 교육과 다양한 분야의 전문가들도 접하게 되었다.

만약 취업을 준비한다면, 자격증을 취득하는 것이 유리하겠지만 아직 수련받고 있는 중이라도 괜찮다. 밑져야 본전이니 도전해 보자. 자격증이 없더라도, 현재까지 자격증 취득을 위한 수련 조건을 얼마나 충족했는지 대략 언제쯤 취득 가능한지 제시하고, 그동안 받은 수련 및 교육 내용과 경력을 상세히 기술하면 면접까지 갈 수도 있다.

그러기 위해서는 우선 서류를 제대로 준비해야 한다. 어느 분야나 마찬가지겠지만 막연하게 성실하다, 부지런하다, 책임감이 강하다는 표현보다는 근거가 되는 실제 에피소드를 적절히 예로 드는 쪽이 훨씬 신뢰가 간다. 그동안 배웠던 교육이나 훈련, 경험들을 사소한 것까지 하나하나 세세하게 적고, 시간이 날 때마다 추가하며 빠짐없이 기록해 간다. 그다음 비슷한 내용끼리 묶어서 자기소개에서 제시하고 싶은 상담자의 자질, 혹은 상담 능력의 근거로 사용한다. 공인된 자격증이 있다면 좋겠지만 상담 실습과 수퍼비전, 교육분석, 상담 이론 등 각각의 영역에서 받은 구체적인 교육 내용과 훈련 기관, 기간을 기록하면 자격증만 기록한 사람에 비해 훨씬 알차게 준비했다는 인상을 줄 수 있다. 내용을 잘 작성하는 것 못지않게 심사위원들이 잠깐 훑어봐도 장점이 잘 파악될 수 있도록 깔끔하게 편집하는 작업도 매우 중요하다. 심사위원들이 미리 서류를 꼼꼼하게 검토하고 오기도 하지만 대다수는 당일 간단히 훑어보고 결정하기 때문에 포인트가 잘 드러나도록 작성해야 한다. 서류 작성이 별것 아닌 것 같지만, 나에 대한 첫 이미지이자 자칫하면 마지막 이미지가 될 수 있으므로 각별히 신경을 써야 한다.

서류심사가 통과되었다면 그다음은 면접 준비를 해야 한다. 기관에 따라서 면접을 2~3차례 나눠서 보기도 한다. 대부분은 한 번의 면접으로 평가가 끝나지만, 이전에 근무했던 어떤 기관은 상담자의 자질을 파악하기 위해 1차 임직원 면접을 본 후, 2차에서는 심리검사를 받고, 3차에서는 영어 인터뷰를 실시했다. 이처럼 여러 차례 면접을 실시한 후 각각의 점수를 합산해서 총점이 가장 높은 사람을 선발했다.

내가 가고자 하는 기관 홈페이지에 들어가서 조직 구성과 업무, 비전을 파악하고 내가 맡게 될 업무가 무엇일지, 그 업무에 적합한 사람은 어떤 자질과 능력을 갖추어야 할지 구체적으로 그려 보면 면접에 도움이 된다. 기관의 특성과 방향, 내가 맡게 될 업무와 그에 맞는 자질 및 능력이 정리가 되었다면 이제는 각각의 항목과 내 경험을 연결시켜 본다. 내가 지금까지 쌓아온 경력 중 가장 잘 피력할 수 있는 것이 무엇인지 정리한다. 그들이 원하는 인재가 바로 '나'라는 점을 잘 부각할 수 있는 자기소개를 준비한다.

참고로 자기소개나 예상 질문지에 답할 내용을 기계적으로 외우기보다는 잘 떠올릴 수 있도록 연습해 보는 것이 좋다. 면접 장소에 가면 긴장감이 고조되어 외운 내용이 잘 생각나지도 않고, 말이 막히면 위축되기 쉽다. 또한 외워서 하는 경우 자신도 모르게 천장이나 허공을 바라보며 기억해 내는 데 집중하기 때문에 준비성이 부족해 보인다. 대신 지원한 기관에서 실제로 내가 어떻게 일할지 구체적으로 수차례 상상하면서 정리하다 보면 면접 과정에서 면접관이 질문했을 때, 떨리더라도 편안하게 내 생각을 말할 수 있다.

무엇보다 중요한 점은 꼭 합격해야 된다는 부담감을 내려놓는 것이다. 내가 되면 좋겠지만, 누구든 이 기관에 꼭 필요한 사람이 선발되었으면 좋겠다는 마음으로 임하면 한결 편안하고 당당하게 면접에 임할 수 있으며, 긴장되는 상황조차 즐길 수 있는 여유가 생길 것이다.

상담자라는 직업에 대한 오해

취업하면 드디어 상담을 진행한다는 설렘에 잔뜩 부풀어 오른다. 그러나 직장에서는 얼핏 보기에 상담과 전혀 관련 없는 업무들이 주어져 정작 상담에 집중할 시간은 부족하다. 학교를 갓 졸업한 사회 초년생들은 상담자는 상담만 할 것이라고 생각한다. 물론, 상담자는 심리상담을 주로 하는 직업이다. 아동, 청소년, 대학생, 성인 등 주로 상담하게 되는 대상은 달라질 수 있지만 상담자의 가장 중요한 업무는 상담이 맞다. 하지만 직장의 특성에 따라 혹은 내가 속한 부서의 특성에 따라 상담보다 사업이나 연구, 교육 기획, 대외협력 및 홍보 등 생각도 못 했던 다른 업무를 맡게 될 수 있다.

하나의 회사가 돌아가기 위해 다양한 업무가 필요하듯이 상담기관도 마찬가지이다. 특히나 정부나 지방자치단체에서 지원금을 받아서 운영하는 기관에 들어갔다면 기관이 돌아가기 위한 여러 업무를 상담자들이 나눠서 수행하는데, 상담 이외에 주 업무를 배정받아 1년 동안 책임지고 해내야 한다.

직장과 업무에 관한 내용은 뒤에서 기관별로 자세하게 다루겠지만, 취업 시 가장 기본이자 중요한 공부는 상담을 하기 위해 필수적이라 말할 수 있는 '행정'이다. 하지만 아이러니하게도 사회초

년생들이 취업 이후 직장을 그만두고 싶을 정도로 가장 힘들어하고 하찮게 여기는 영역도 이 부분이다. 나 역시 가급적이면 피하고 싶었고 처음엔 의미를 찾지 못해 스트레스를 많이 받았다.

행정 업무의 비율은 기관 특성에 따라 다르긴 하지만 어느 곳에 가든지 반드시 익히고 해내야 한다. 대학교의 학생상담센터는 학교 내 대부분 연계된 행정팀이 있어서 타 기관에 비해 행정 업무가 적은 편이지만 정부 및 지자체 예산으로 운영되는 기관들은 국민의 세금으로 운영되는 만큼 제출해야 하는 서류가 많아서 행정 업무 비중이 높다. 정부산하기관에서 일할 때는 단돈 1,000원을 쓰기 위해서도 관련 서류를 기본적으로 3개는 작성해서 제출해야 했다.

익숙해질수록 문서작성 능력은 현저하게 늘고 제출하는 시기, 대상, 평가 기준에 따라 문서작성에 투자하는 노력도 조율할 수 있게 된다. 또 집행결과를 신빙성 있게 전달하고 객관적인 증거를 기반으로 내 의견을 효과적으로 피력할 수 있게 된다. 행정 업무는 상담이란 꽃을 피우기 위해 필요한 토양이라 할 수 있다. 내담자에게 좋은 서비스를 제공하기 위해 갖추어야 할 능력이며 특히 자신의 센터를 운영할 계획이 있다면 반드시 익혀야 할 부분이다. 이를 소홀히 할 경우 더 중요한 업무를 맡기 어렵다.

각박한 사회가
나의 내담자이다

청년 실업, 계약직, 높은 자살률과 가출률, 학교폭력⋯⋯.

사회가 고도로 성장하면서 삶을 팍팍하게 하는 말들이 많아졌다. 이전에는 대학을 나오면 어느 정도 보장되는 경제적 수입이 있었지만, 요즘 미디어를 통해 접하는 소식이 온통 고용 불안정에 대해 말하고 있을 정도로 보장되는 것이 없다. 이런 현상으로 인해 부모들뿐 아니라 자녀들마저 기본 불안 수준이 매우 높다. 부모는 불안감에 자신의 자녀가 좋은 스펙을 쌓길 강요하며 어려서부터 선행학습을 위해 학원을 보내거나 과외를 시키지만 아이들은 점점 더 무기력해질 뿐이다. 대학생이 되어서도 과도한 경쟁 시스템과 학업 스트레스로 정신적 어려움을 겪는 학생들이 많아지고 있다.

갈수록 아동청소년 문제가 심각해지고 있다. '3쌍 중 1쌍 이혼'이라고 할 만큼 많은 부부들이 갈라서고 가정이 깨지는 가운데, 과잉 경쟁과 강도 높은 학업으로 인해 아이들의 놀이 문화가 사라지면서 스트레스를 풀 수 있는 방법이 없어지자 아이들의 공격성이 높아졌다. 이에 따라 학교폭력, 성매매, 절도 등 비행이 심각해지고 있다. 마땅한 놀이 문화가 없다 보니 서로 어울려 놀다 순식간에 비행이나 범죄로 연결되는 경우가 허다하다.

늦은 귀가 시간 때문에 부모님과 다투다 열 받는다고 집을 나온 후 친구네 가서 어울려 놀다가 가출이 길어지고 학교 수업도 빠지게 된다. 술, 담배, 노래방 등 유흥비를 마련하기 위해 친구들과 어울려 술 취한 사람에게 돈을 뺏거나 학교 애들에게 '삥'을 뜯기도 한다. 그러다 안 되면 팀을 짜서 성매매에 손을 댄다. 이렇게 돈을 모아 한 방에서 여러 명이 혼숙하며 지낸다. 이런 과정은 어느 순간 의식하지 못한 채 놀이처럼 이루어지면서, 아이들은 자연스레 범죄를 접하게 된다.

이외에도 아동청소년기에 가장 많이 호소하는 문제로 대인관계, 즉 또래문제가 있다. 학교폭력 사건이 워낙 많다 보니 조금이라도 관계가 나빠지거나 괴롭힘을 당해도 아이뿐만 아니라 부모도 혹시 '은따'나 '왕따'로 이어지지 않을까 불안해한다.

학교폭력과 탈선도 심각한데, 공교육이 무너지고 있다고 말할 만큼 교사와 제자간의 불신이 높아지고 있고 부모와 자녀간의 불화 또한 심각해지고 있다. 부모들은 어린 시절 지금보다 더 열악한 환경에서 성장했음에도 불구하고 별문제 없이 살아왔기에 청소년 문제가 생기면 요즘 애들은 부족한 것도 없는데 약해 빠졌다며 탓하기만 한다. 청소년들은 문제가 생길 때 부모나 선생님을 찾기보다 또래들과 어울리거나 스스로 해결하려다 보니 미숙한 방법을 사용하게 되고 결국은 문제가 더 심각해지는 것이다.

우리나라 아동청소년 문제가 심각한 만큼 그 어느 때보다 어른과 아동청소년 사이를 중재해 줄 전문가가 필요하다. 어른에게는 어른의 언어로 아동청소년의 입장을 설명해 주고 청소년에게는 그들의 언어로 어른의 입장을 설명해 줄 사람이 필요하다. 그나마 희망적인 점은 청소년의 고민 의논 대상으로 부모나 교사의 비율은 여전히 낮지만, 상담전문가 그룹의 비율은 미약하나마 조금씩 높아져 가고 있다는 것이다.

또한 지금은 책은 물론 TV와 유튜브에서 심리 관련 채널이 많아지면서 쉽게 접하고 있지만, 문제가 있어도 비용을 지불하고 전문가를 찾아가기 부담스러워하며, 스스로 해결하려는 사람들이 많다. 그러나 점점 흐름이 바뀌고 있다. 문제가 심각해서 상담을 받는 사람도 많지만, 건강검진 받듯이 자신의 정신건강을 위해 점검 차원에서 상담을 찾는 일반인들도 매해 늘어 가는 추세다. 상담심리사의 필요성이 증대하고 있다는 뜻이다.

지인들 중에도 상담을 의뢰하는 비율이 늘어가고 있고 점점 상담에 대한 인식도 긍정적으로 바뀌고 있다. 군대나 기업에서도 상담전문가를 고용하는 비율이 증가하고 있고 갈수록 상담전문가의 수요는 각계각층에서 늘어나고 있다.

상담자로서의
나

어떤 직업이든 슬럼프가 있다. 꼭 하고 싶었던 일이라도, 지금 내가 제대로 하고 있는 건지 혼란스럽거나 점점 잘해 나갈 자신이 없어질 때가 있다. 어린 아이가 어른으로 성장해 가듯 천천히 발달 단계를 거쳐 상담자도 유능한 전문가로 자란다. 상담자의 발달 단계, 이 단어만 들어도 바로 오늘 있었던 일처럼 생생하게 떠오르는 장면이 있다.

  석사 1학기를 마치고 학회에 참석했을 때이다. 강의실을 이동하는 사이사이, 창 너머로 쏟아지는 여름 햇빛은 눈부셨지만 내 마음은 무겁기만 했다. 이제 막 상담 공부를 시작했는데 주요한 상담 이론마다 읽어야 할 책들이 너무 많았다. 책뿐 아니라 그 이론의 계보를 잇는 학자들의 최신 연구 동향도 살펴야 하는데, 어느 순간 처음 상담 이론들을 접했을 때 느꼈던 가슴 설레는 감동과 열정이 사라지고 부담감만 쌓여 갔다. 이론을 깊이 접할수록 그 방대함과 경이로움에 짓눌려 숨이 막힐 것만 같았다. 길은 끝이 없는 것만 같고, 가도 가도 제자리에 머물러 있는 것 같은 막막함 속에 헤매는 나날의 연속이었다. 엄청난 상담 이론들을 깊이 있게 이해하고 다양한 상담 기술들을 노련하게 쓸 수 있을지 자신이 없었다. 과연 나만의 스타일을 찾을 수는 있는 걸까?

'어떤 접근법으로 상담을 진행한 거냐?'라는 질문을 받으면 각 이론들의 장점을 통합하여 접근했다고 말씀드리려 하다가도 목구멍에서 말이 막혔다. 개별 이론도 수박 겉핥기식으로밖에 모르는데 통합이라니, 점점 자신이 없어졌다. 그 무렵에는 부담감에 어깨가 움츠러들다 못해 과연 내가 상담자가 될 수 있을까, 길을 잘못 들어선 건 아닐까 혼란스러워지기 시작했다.

이때 마침 학회가 열린다고 하여 참석했다가 마음을 다잡게 하는 연구 내용을 듣게 되었다. 상담자는 평생 동안 성장해 간다는 상담자발달수준에 대한 내용이었다. 초기 상담자들이 겪고 있는 여러 상황을 전해 듣는데 딱 지금의 내 모습이었던 것이다. 숙련된 전문가가 되기 위해 누구나 겪는 단계인 거구나, 다들 이런 고민들을 하고 혼란스러움을 겪는구나. 나만의 고민이 아니라는 사실이 내겐 크나큰 위로가 되었다. 숙련된 전문가가 되기 위해서는 적어도 10년에서 15년은 걸린다는 말에, '과연 이 길이 내게 맞는가?'라는 의구심을 가지기엔 아직 이르다는 것을 깨달았다. '지금은 열심히 가 보는 거다. 10년 후에, 그때 가서야 내가 이 길이 맞는지, 내가 숙련되고 유능한 상담자가 될 수 있는지 물어야 하는 거다.' 지금은 그때까지 묵묵히 최선을 다해서 가 보자며 다시금 마음을 다잡았다. 그때서야 창밖에 펼쳐진 아름다운 캠퍼스 풍경이 눈에 들어왔다.

상담자 경력이 쌓이는 만큼 상담자의 발달수준이 높아지진 않는다. 발달을 위해 자신이 끊임없이 의도적으로 노력해야 한다. 환경적 여건과 개인적 특성에 따라 발달이 지속적으로 이루어질 수도 있고 정체되거나 오히려 소진될 수도 있다.*

당신이 걸으려는 이 길이 마냥 설레기만 할 수도 있고, 부담스럽거나 막막할 수도 있다. 그렇다고 당신이 걷고자 하는 이 길을 미리 제한하지 않기를 바란다. 조금이나마 먼저 이 길을 걸어 본 사람으로서 그 과정에 얻을 수 있는 인간적인 성숙과 직업적인 성취가 분명히 있으니 같이 가 보자고 청하고 싶다.

---

* 상담자의 발달수준에 관해서는 여러 학자들의 이론적 모형들이 있다. 그중 내게 크나큰 위로가 되었던 모형을 '부록4'에서 다루었으니 참고하기 바란다.

Q... 학비 걱정 때문에 석사까지 공부할 수 있을지 모르겠는데, 포기해야 할까요?

A... 어떤 분야의 전문가가 되기 위해서는 그만큼의 시간과 노력 그리고 돈이 필요합니다. 전문가 자격증 따는 데 생각보다 많은 돈이 들었다는 분도 있습니다. 만약 내게 그 돈이 없다면 이 꿈을 포기해야 할까요? 절대 그렇지 않습니다. 시간은 좀 더 걸리겠지만 충분히 해낼 수 있는 길이 있습니다.

장학금을 받을 수 있는 대학원에 가든지, 직장을 다니면서 야간 대학원을 다니거나, 일정 기간 동안 학비를 모은 후 대학원에 진학해도 됩니다. 석사 졸업장은 전문가가 되기 위한 입문서와 같습니다. 그러니 내가 처한 환경에서 최대한 잘 배울 수 있는 학교를 선택하여 가급적 빨리 시작하는 게 좋습니다.

돈이 없다면 가능한 돈이 적게 드는 학교를 선택해서 졸업한 다음 현장에서 경험을 꾸준히 쌓으면 됩니다. 졸업 이후 바로 자격증을 취득하기 위해 교육기관에서 아르바이트를 하면서 무료로 수련을 받거나 소수지만 월급을 주는 실습 기관에 지원할 수도 있습니다. 학교를 다니면서, 아니면 졸업 후 1년 이내에 집중적으로 인턴 과정을 거쳐 2급 자격증을 따면 좋겠지만 그럴 형편이 안 된다면 어디든 관련 졸업장 하나만으로도 취업할 수 있는 곳, 즉 다른 곳에 비해 월급이 적거나 일이 많아서 선호하지 않는 기관이라도 상담을 할 수 있는 곳이 있다면 그곳에서 경험을 쌓는 것이 중요합니다. 그렇게 경력을 쌓으면서 돈을 모으고 틈틈이 수퍼비전을 받으면서 준비하면 더 좋은 기회를 잡을 수 있을 겁니다. 조금 더디긴 하겠지만, 상담은 평생 동안 할 수 있는 직업이니 너무 초조해하지 않아도 됩니다.

준비하는 과정은 험난하더라도 포기하지만 않는다면 어느새 전문가가 되어 있을 것입니다. 그리고 그 과정을 통해 자신의 모습과 마주하게 되어 더욱 성숙해질 거예요. 내담자들 또한 당신의 학벌이나 자격증보다는 실제 상담 과정에서 경험한 실력과 인품을 더욱 신뢰하기 마련입니다. 그러니 꿈을 가졌다면 절대 포기하지 마세요. 언젠가 현장에서 뵙겠습니다.

3장

가슴에 구멍이 뚫린
아이들

침 튄 거지
뱉은 건 아니에요!

졸업까지 약 3개월의 여유 시간이 생겼다. 이때 아니면 내가 언제 봉사를 하겠냐는 생각에 평소 존경했던 소장님의 청소년쉼터에서 자원봉사를 하기로 마음먹었다.

소장님은 가출 청소년들에게 상담과 보호 서비스를 제공하는 청소년쉼터를 운영하고 계셨다. 쉼터란 가출 청소년이 노숙하지 않고 기본적인 의식주를 제공받을 수 있도록 보호하는 기관으로 성별에 따라 여자청소년쉼터, 남자청소년쉼터로 따로 운영되고 있었다. 장기간의 길거리 생활로 약간의 규율도 답답해하는 청소년들을 위해 편의점처럼 샤워 및 빨래, 인터넷, 간단한 식사, 도서, 응급처치를 제공하는 '드롭인센터(Drop in center)'도 운영되고 있다.

가벼운 마음으로 찾아갔는데, 소장님께서 이왕 하려면 매일 근무하는 유료 인턴을 하는 게 어떠냐고 권하셨다. 아직 취업 시즌이 아니라 시간적 여유가 많았으므로, 취업은 천천히 준비하면 되겠다 싶어서 망설이지 않고 바로 출근했다.

그러던 어느 날, 갑자기 소장님이 부르시더니 기관 설립 이래 최초로 시청에서 정규직 자리를 주기로 했다며 이들보다 더 가난하고 소외된 이들이 없으니 함께 일하자고 제안하셨다.

솔직히 그 말씀이 내겐 너무도 두렵고 부담스러웠다. 인턴으로 일하면서 내부 사정을 알면 알수록 현장은 녹록지 않았다. 청소년 쉼터의 일은 가출 청소년들이 잘 자고 잘 쉬고 잘 먹고 의료적인 치료를 받을 수 있도록 기본적인 생활지원서비스를 제공하는 업무가 대부분이었다. 말만 들어서는 단순해 보이지만, 그 일만 하기에도 벅찰 정도로 매일 새로운 청소년들이 찾아오고 도망가고, 도난과 폭력이 발생하고……. 하루하루가 버라이어티한 일들의 연속이었고, 그 일들을 수습하느라 정신이 하나도 없었다. 그뿐이 아니라 집을 나온 아이들이 밤에 잘 잘 수 있도록 돌봐야 하기 때문에 직원들은 번갈아 가며 밤마다 숙직을 서야 했다. 숙직하는 날이면 새벽같이 등교하는 아이를 위해 이른 아침을 차려 주고 남아 있는 아이들을 깨워 아침식사를 한 후 그날 일과를 시작했다. 가출 청소년들이 언제 찾아올지 모르기 때문에 늘 전화기와 현관문을 향해 귀를 열어 두어야 했다. 늦은 새벽이라도 전화가 오면 택시비를 대신 내줘야 하고, 아이들이 먹고 씻고 잘 수 있도록 잠자리를 봐 줘야 해서 잠도 제대로 잘 수가 없었다.

날이 밝으면 심층면접을 통해 가출한 계기를 살펴본 후 아이들이 집으로 돌아갈 수 있도록 부모와 연락을 취했다. 불안정해 보이는 아이들은 심리검사를 실시한 후 상담을 진행하고, 신체적으로 아픈 아이들은 연계되어 있는 병원에 데려가서 치료를 받게 했다. 아이들끼리 한 방에서 자다 보니 서로 다투는 일이 자주 일어나서 중재하거나, 공동체생활을 위한 규칙을 서로 합의할 수 있도록 아이들과 정기적으로 회의하는 시간을 가지기도 했다. 쉼터에 입소한 아이들을 위한 요리, 미술, 연극치료 등 프로그램이 잘 진행되도록 관리하고 종종 학교에서 사회봉사 명령을 받은 아이들이 올 때면 그 아이들을 위한 활동 프로그램도 추가적으로 진행했다.

하루는 중학생 아이가 갑자기 날 부르더니 구석으로 데리고 갔다. 새로 온 인턴 남자 대학생이 나를 많이 따르고 챙기는 게 샘이 났는지 왜 둘이 친하게 지내냐며 화를 내다가 갑자기 얼굴에 침을 뱉었다.

"어? 침이 왜 쌤 얼굴에 튀었죠? 누가 보면 내가 일부러 침 뱉은 줄 알겠어요."

순식간에 일어난 일인 데다 얼굴색 하나 변하지 않고 침이 튀었다고 말하는 그 아이의 천연덕스러움이 나를 무척 혼란스럽게 만들었다. 분명 튀었다고 하기엔 튄 침의 양이 많은 것 같은데도, 어쩌다 튀었을 거라고 여기고 넘어갔다.

당시 학교를 갓 졸업한 인턴이었던 나는 아이들과 나이 차이가 많이 나지 않았다. 가출한 후 온갖 고생을 한 아이들이 보기에 난 세상 물정 모르는 어리숙하고 다루기 쉬운 인턴일 뿐이었다. 괜히 직원들에게 알려 봤자 일만 커질 것 같고, 잠깐 스쳐 지나간 생각이긴 했지만 그러다 그 아이에게 맞을 수도 있겠다 싶었다.

아이들은 가출한 뒤 길거리에서 지내면서 별의별 사람들을 다

만나서인지 사람을 잘 파악한다. 또 자기보다 약해 보이면 이용하거나 무시하는 아이들도 있다. 상대를 어떻게 대해야 하는지 거의 본능적으로 안다고 할 정도로 눈치도 빨랐다. 직원이 된 후, 야간에 혼자서 숙직을 하며 많게는 십여 명이 넘는 아이들을 재우고 돌봐야 했는데 처음에는 무서웠다. 애들이 나보다 덩치도 큰데 혹여 내가 마음에 안 든다고 작정하고 때리면 어떻게 하나 걱정도 됐다. 싸움도 워낙 잘하는 데다 스트레스 푼다고 마음에 안 드는 애를 벽돌로 동틀 때까지 때렸다며 아무렇지도 않게 얘기하는 아이들을 보면 자꾸만 겁이 났다. 청소년들이 무서워서 시비 걸어도 어른들이 모르는 척 지나간다는데, 난 도망갈 곳도 없었다. 숙직할 때는 아이들이 도망가지 못하도록 문을 잠귀 두고 담배나 다른 개인 소지품을 보관한 열쇠도 내가 가지고 있었다. 한밤중에 싸움이 일어나기도 하고 담배를 달라고 언성을 높일 때마다 속으로 떨면서도 평정심을 잃지 않고 침착하게 해결하려고 애썼다. 다른 직원들에 비해 나이가 어리고 미혼이다 보니 숙직을 하는 날이 많아서 부모님은 가출은 내가 한 것 같다며 속상해하셨다.

그렇게 아이들을 돌보다 보면 도대체 하루가 어떻게 지나가는지 정신을 차리기 어려울 정도로 바빴다. 그러다 보니 의자에 앉아서 문서 작업 하나 하기도 힘들 때가 많았다. 개인상담을 하는 독립된 공간도 부족했다. 직원들은 수시로 바뀌는 아이들을 돌보고 매번 일어나는 문제를 처리하고 여러 사회복지 사업을 따내고 진행하고 보고하느라 늘 지쳐 있었다.

한번은 프로젝트 예산을 따는 제안서를 작성하는 업무를 맡은 적이 있었다. 대부분 이런 제안서 작성은 사회복지 전공 선생님들이 맡아서 하는데 소장님의 제안으로 그 일을 하게 된 것이다. 사회복지를 전공하면 학부 때부터 수업을 통해 작성 방법을 배우지만, 심리학만 공부한 나에게는 용어부터 낯선 분야였다. 맡았을 때는 심란했지만 기존 자료들을 참고해 가며 작성했다. 당시에는 인턴이라 다른 분 이름으로 계획서를 작성했다. 도중에 이직을 하게 되어 연구의 결과까지 보지는 못했지만 소장님의 지도로 좋은 경험을 할 수 있었다.

이렇듯 아이들을 돌보는 것만 쉼터의 업무가 아니다. 아이들에게 더 좋은 서비스를 제공하려면 후원처를 발굴하고 연계망도 튼튼히 구축해야 한다. 특히 다른 기관들과 협력 관계를 구축하는 일에는 전 직원이 동분서주한다. 시청에서 담당 공무원이 오거나 후원 기관 관계자가 오면, 돌아갈 때 90도로 허리를 숙여 인사하고 차가 시야에서 사라질 때까지 공손히 배웅하던 소장님의 모습이 지금도 선명하게 떠오른다. 처음에는 왜 그렇게까지 해야 하나 싶었지만, 함께 일하면서 아이들이 조금이라도 지원을 더 받게 하기 위해 조그마한 후원에도 진심으로 감사하며 상대를 귀하게 대접하는 마음이라는 것을 깨달았다. 자신의 체면보다 아이들을 먼저 생각하시는 소장님 덕분에 당시 쉼터는 다양한 기관에서 정기적으로 후원을 받을 수 있었다.

여러모로 힘든 일이라는 것을 알기 때문인지 정규직으로 입사한 지 얼마 지나지 않았는데도 선배들이나 교수님이 자꾸만 다른 직장을 연결해 주려고 했다. 연락을 받을 때마다 마음이 흔들렸지만, 심사숙고해서 내린 결정인 만큼 올해까지는 어떻게든 버텨 보자고 마음을 다잡았다.

길거리는
나의 집

가출하면 잘 곳이 없어서 모두들 청소년쉼터로 올 것 같지만, 건물 옥상이나 구석, 역 부근, 공원 벤치 등 길거리에서 노숙하는 청소년들이 꽤 많다. 여름이야 그렇다 치더라도, 추운 겨울에도 거리에서 자는 아이늘도 있다. 샤워나 빨래를 할 때나 너무 추운 날만 쉼터에 왔다가 곧바로 나가 버린다. 거리에서 자유롭게 살아왔기 때문에 그 어떠한 규율이나 제재도 견디질 못하는 것이다. 도대체 무엇이 집이 아닌 길거리에서의 삶을 택하게 한 건지, 이런 아이들을 만날 때마다 마음이 아프다.

아이들은 집을 나오면 대부분 친구네에서 잔다. 혼자서 자취하는 아이가 있으면, 그 집이 아지트가 되어 아이들이 모여든다. 부모님이 맞벌이로 밤늦게 귀가하는 집이면 늦게까지 머무르다가 돌아가기도 한다. 아지트가 없을 경우엔 무리를 지어 여관이나 모텔에서 밤새 술을 마시거나 한 방에서 여러 명이 혼숙을 하며 성관계를 맺기도 한다. 돈이 없을 때는 공원이나 놀이터, 학교의 으슥한 곳에서 밤새 술과 과자를 먹으며 무리지어 논다. 유흥비와 숙박비를 벌기 위해 자연스럽게 범죄에 손을 댄다. 술 취해 있는 사람의 지갑을 털거나 채팅으로 남자를 유혹하여 모텔에 들어간 다음 돈을 받고 샤워하고 있는 틈에 도망가기도 한다. 아이들은 지금 하는 행동이 범죄라고 생각하기는커녕, 그저 친구들과의 스릴 있는 놀이로 여긴다.

그러다 돈이 떨어지면 근처에 있는 쉼터에 연락한다. 처음부터 하룻밤, 길게는 며칠만 머무를 생각으로 왔다가 그곳에서 새로운 친구를 사귀어서 같이 나가기도 한다. 쉼터 단골들은 쉼터별로 제공하는 서비스와 규율을 아주 잘 알고 있다. 그래서 새 옷이 필요하면 F쉼터, 병원에서 치료를 받아야 되면 A쉼터, 규율이 적고 입퇴소가 자유로워 마음 편히 자고 담배 피울 수 있는 곳은 S쉼터 등 자기들 나름의 정보를 공유하며 전국 쉼터를 이용하는 아이들도 있다.

대부분의 쉼터는 한번 입소하면 면담을 통해 왜 가출했는지, 가장 시급한 문제가 무엇인지, 어떤 도움을 필요로 하는지 파악한다. 이때 어른에 대한 신뢰도가 낮은 아이들은 대부분 거짓 정보를 주지만 관계를 형성해 가면서 조금씩 마음을 열고 솔직해지기도 한다. 지금 당장 갈 데가 없어서 왔다가, 선생님들의 따뜻하고 한결같은 태도로 인해 안정감을 찾고 쉼터에 머물면서 그동안 회피했던 문제를 해결하기로 마음먹는 아이들도 생긴다.

쉼터는 1차적으로 기본적인 돌봄인 의식주 제공에 중점을 둔다. 한창 성장할 시기에 건강히 자랄 수 있도록 최선을 다한 후, 어느 정도 안정이 되면 아이들이 진로를 찾고 현실적인 준비를 할 수 있도록 다음 단계를 진행한다.

쉼터는 단기와 중장기로 나뉘는데 중장기 쉼터인 '그룹홈'은 그수가 훨씬 적어서 자리가 바로 나질 않는다. 그러다 보니 단기에서아이들을 오랫동안 보살피기도 한다. 검정고시를 볼 수 있도록 과외를 해 주는 자원봉사자와 연결하거나 지역 후원으로 학원을 다니면서 공부할 수 있게 도와주기도 한다. 취업할 수 있게 다양한기술이나 자격증을 딸 수 있는 학원에 보내기도 한다. 그 과정에서누구보다 가족의 지원이 필요하므로 어떻게든 가족과 연락을 취해 아이와 관계를 회복시키고 양육에 대한 책임감을 부여하기 위해 소액이라도 아이에게 지원할 수 있도록 격려한다.

단기 쉼터는 다양한 아이들이 수시로 왔다 가는 곳이라 전공서적에서도 본 적이 없는 여러 유형의 사람들을 만나게 된다. 아이들의 모습도 가지각색이지만, 부모 또한 천차만별이다. 보통은 아이들이 가출하면 부모가 문제가 있기 때문일 것이라고 생각한다. 나도 처음에는 부모 때문에 아이가 어쩔 수 없이 이런 선택을 했을것이라 여겼다. 물론 문제가 심각한 부모도 있다. 그러나 너무도평범한 가족, 심지어는 가정도 화목하고 부모도 인격적임에도 불구하고 단지 친구들과 어울려 노는 게 재밌어서 집을 나온 아이들도 있었다. 청소년기의 충동성과 호기심, 또래집단의 응집력과 충성도가 빚어 낸 결과였다. 부모를 신뢰하는 아이들은 가출했다가도 어느 순간이 되면 다시 본래의 자리로 돌아간다. 그때까지 부모가 자녀와 관계의 끈을 놓지 않고 끊임없이 소통하면 오히려 자신과 세상을 알아 가는 계기가 되기도 한다.

살아오면서 기본적인 보살핌도 받지 못했거나 안정적인 관계나 자신을 지지해 주는 관계를 경험하지 못한 아이들은 돌아갈 곳도 없지만 문제를 해결하는 능력이나 상처로부터 회복되는 탄력성도 현저히 낮다.

쉼터에 오는 아이들은 여기저기 날개가 찢겨 날지 못하는 아기 나비 같다. 부모로부터 버림받거나 학대를 경험하기도 하고, 성폭행이나 학교폭력을 겪기도 한다. 너무나 가난해서 상습적으로 도둑질을 하는 아이도 있고, 부모에 대한 분노를 또래 애들을 괴롭히면서 푸는 아이도 있다. 누구든 저마다 가슴에 큰 구멍이 뚫려 있다. 거센 바람을 온몸으로 견뎌 내며 간신히, 간신히 서 있다. 입만 열면 거친 욕이 쏟아지고 조그만 일에도 쉽게 흥분해서 죽일 듯이 화내고 때릴 듯 위협하는 덩치 큰 어른 같지만, 자기가 기댈 수 있고 신뢰할 수 있는 어른에게 사랑받기를 원하는 어린 아이일 뿐이다.

아이들을 찾아
한여름 해변으로

청소년기관에서는 찾아오는 아이들도 상담하지만 직접 아이들을 찾아가기도 한다.

매년 여름마다 바닷가에 놀러만 왔지, 성교육 캠페인을 하러 온 것은 처음이었다. 자원봉사자들과 함께 노란 홍보 조끼를 입은 채로 천막을 세우고 캠페인 용품을 정리했다. 여름이 지나고 나면 가출 청소년들의 임신과 낙태율이 엄청나게 상승하기 때문에 예방을 위해 해변에 직접 나온 것이었다.

몇 명은 벌써 지나가는 사람들에게 핸드 페인팅과 음료수를 무료로 제공하니 들어오라고 소리치고 있었고, 나는 성교육 퀴즈와 콘돔 사용 시범을 맡아서 잔뜩 긴장한 채로 기다리고 있었다. 교육받을 때처럼 얼굴이 빨개지면 안 될 텐데 혹여 짓궂은 농담에 휘둘릴까 봐 심호흡을 하며 마음을 다잡았다.

사람들이 하나둘 모이기 시작하더니 어느새 천막 안은 피서객들로 붐비기 시작했다. 여러 번 하다 보니 성교육 진행도 점점 능숙해졌다. 커플로 온 여자애들은 대부분 진한 화장과 야한 옷차림을 하고 있었지만, 얼굴은 여전히 앳된 십대였다. 반면, 남자애들은 자원봉사자로 온 대학생들과 같은 20대 초중반 정도였다. 여자애들은 섹스와 임신, 낙태에 관한 성교육 퀴즈를 재미나게 맞히는 반면, 남자애들은 가소롭다는 듯 비웃으며 보란 듯이 여자친구의 허리와 가슴을 만지고 있었다. 겉으로는 애써 태연한 척 이야기하고 있었지만 마음속으로는 여자애들을 향해 간절히 외쳤다.

'절대, 절대 같이 놀기만 해야지, 자면 안 돼! 혹여 자게 되거든 꼭~ 콘돔은 해야 한다고! 네 몸을 반드시 보호해야 해!'

해가 저물고 해변이 어둑어둑해지자 이제까지 한 번도 본 적이 없던 신기한 광경이 펼쳐졌다. 어둠이 짙게 깔리고 썰물로 모래사장이 넓게 펼쳐지자 그 넓은 해변이 수백 명의 남녀들로 가득 채워졌다. 처음 보는 광경에 입이 다물어지질 않았다. 도대체 이 사람들이 어디서 온 건지, 이 늦은 시간에 뭘 하느라 이렇게 분주히 움직이는지 궁금해서 나가 보았다.

여자애들, 남자애들이 여러 명 무리를 지어 돌아다니거나 한두 명씩만 짝을 지어 다니면서 오늘 밤 같이 놀 파트너를 찾고 있었다. 남자애들이 지나가는 여자애들을 훑으면서 외모가 마음에 들면 몇 명인지 확인하고, 오늘 밤 자기들과 놀면 무엇을 해 줄 수 있는지를 제시했다. 그 조건이 마음에 들면 여자애가 친구들에게 연락해서 함께 어디론가 사라졌고, 마음에 들지 않으면 다시 찾아 나섰다. 남자애들이 돈이 많으면 숙소로 가지만, 그렇지 않은 경우엔 해변에 둘러앉아서 과자를 안주 삼아 술을 마시며 밤을 지새웠다. 우리 천막 바로 옆에 자리를 잡고 둘러 앉은 사람들도 있었다. 술을 마시다가도, 남녀가 커플이 되어 어디론가 사라졌다 다시 오곤 했다. 지금이라도 당장 여자애들 손을 잡고 데려오고 싶은 걸 참고 견디려니 정말 괴로웠다. 속상해서 발을 동동 구르고 있는 내게 자원봉사자로 왔던 학생이 말을 걸었다. 작년까지만 해도 아무 생각 없이 저 애들처럼 자신도 여기서 여자애들과 놀았단다. 그때는 아무런 죄책감도 없었는데 자원봉사자로 와 보니 너무 부끄럽다며 얼굴을 떨구었다.

피서 철이 지나면 인근 지역 병원들을 찾는 여자 청소년들이 많다고 한다. 하룻밤 재미있게 놀려다 갑작스레 임신을 하고 누가 아이의 아빠인지도 알지 못한 채 그 뒷감당을 고스란히 혼자 감당하게 된 것이다. 그날 밤 보았던 광경이 지금도 눈앞에 펼쳐지듯 생생하다. 그래서일까? 그 뒤로는 한여름 해변의 밤이 낭만적으로만 그려지진 않는다.

야밤에 깡소주 먹는 폭주족에게
사탕이란?

새벽 1시. 한 손에는 손전등을 들고, 다른 손에는 막대사탕을 들고 깜깜한 밤거리로 나왔다. 가출한 청소년들이 집에 돌아갈 수 있도록, 설령 가지 않는다 하더라도 최소한의 보호를 받을 수 있도록 주변의 청소년기관을 알려 주기 위해 길을 나섰다. 처음 해 보는 일이었기에 두려움 반, 긴장 반으로 가슴이 콩닥콩닥 뛰었다. 으슥한 공원이나 학교 구석을, 그것도 이런 시간에 돌아다닌 적이 한 번도 없는 터라 낯설기도 하고 무서웠다. 이 늦은 시각에 과연 아이들을 만날 수 있을지, 있다 한들 그 아이들이 나를 반겨 줄까 싶어 선뜻 발걸음이 내디뎌지질 않았다. 조심스레 학교 정문을 지나 건물 뒤편에 가 보니 저 멀리서 조그마한 불빛들이 반짝였다. 아이들이 피우는 담뱃불이었다.

7~8명 되는 고등학생들이 동그랗게 모여 앉아서 소주를 마시고 있었다. 남자애들 사이사이 여자애들이 보였다. 바닥에는 과자 봉지들이 아무렇게나 흩어져 있었다. 손전등 불빛을 최대한 땅바닥으로 조심스레 비추며 다가갔다. 뭐라고 말을 걸어야 되나, 고민 고민하다 나도 모르게 툭, "얘들아, 사탕 먹을래?"라고 했다.

말한 나도 당황스러워서 어색해하며 서 있는데, 아이들이 하나

둘씩 옆으로 왔다. 갑자기 웬 사탕이냐며 하나씩 받더니 이내 맛있게 먹는다. 걱정했던 것과 달리 아이들이 싫어하거나 거부하는 기색이 없자, 나도 한결 마음이 편해져서 동네 아이들 대하듯 말을 걸었다. 아이들은 대화에 굶주렸던 사람마냥, 앞으로 볼 일 없는 처음 만난 낯선 사람에게 자신의 이야기를 폭포수처럼 쏟아 냈다. 왜 집을 나오게 되었는지, 어떻게 살고 있는지, 학교는 어떻고 가족들은 어떻고……, 쉼 없이 이야기했다. 꼭 자신의 이야기를 들어 주는 사람이 그동안 없었던 것처럼. 하나둘 이런저런 이야기를 듣다 보니 눈 깜짝할 사이에 3시간이 지나 버렸다.

아이들 대다수는 가출한 지 오래 되서 학교도 안 다니고 있었고, 몇몇 아이는 아직 학교는 다니지만 애들과 어울려 놀다 수시로 집에 들어가지 않는다고 했다. 그중 한 남자애는 다른 애들과 달리, 옷차림이 깔끔하고 세련된 데다 이목구비도 뚜렷하고 잘생겼다. 사탕 하나 더 먹어도 되냐며 다가오더니 손목시계가 200만 원이 넘는 거라며 자랑스레 보여 주었다. 요즘 호스트바에 나가고 있는데 비주얼이 돼야 들어갈 수 있단다. 머리끝부터 발끝까지 완전 명품으로 세팅해 줬다며 신나서 입고 있는 옷을 보여 주었다. 뭐가 그리 신나는지 싱글벙글 웃으며 자신의 일상을 이야기했지만, 들으면 들을수록 마음 한구석이 아려 왔다.

바로 옆에 있던 예쁘장한 소녀가 자기 이야기도 들어 달라는 듯 불쑥 끼어들어 말을 건다. 똥배인 줄 알고 다이어트를 했는데 알고 보니 임신이었다고 배를 쓰다듬으며 배시시 웃는다.

"언니, 내일 또 와요? 나 아직 할 얘기 남았는데……."

이 아이들을 어찌해야 할까. 이 아이들의 삶이 어쩌다 여기까지 와 버린 걸까.

깜깜한 새벽 낯선 길에서 만난 거리의 아이들은 뉴스 속에서 자주 보도되던 공격적인 준범죄자들이 아니었다. 막대사탕 하나에 환호하고, 누군가가 자신의 이야기에 귀 기울여 주는 것만으로도 너무 행복해하는, 딱 어린아이였다.

만난 지 몇 시간 되지 않았는데도 아이들은 헤어짐을 아쉬워했다. 또 만나고 싶다며 여러 차례 다시 놀러 오라고 손짓했다. 그 뒤로도 가출 청소년들과의 많은 만남이 이어졌지만, 첫 만남의 여운이 가장 오래 남는다.

떡볶이 먹으면서
상담을

처음에는 전공 서적과 실습에서 배웠던 것처럼 단 둘이 독립된 상담 공간에서 테이블을 두고 마주 앉아서 진행하는 상담이 진짜 상담이라고 생각했다. 하지만 가출 청소년들을 만나면서 너무도 당연히 가지고 있던 생각에 의구심이 들었다. 이곳은 상담을 할 수 있는 독립된 공간도 부족했지만 아이들과 상담 시간을 정해 만나는 것 자체가 어려웠다.

가출 청소년들은 일반 청소년들과 달리 입소해 있는 기간 동안만 만날 수 있고 언제 마음이 바뀌어 퇴소할지 알 수 없기 때문에 상담 기간을 정할 수 없다. 거리에서 사는 아이들은 다음 만남이 불가능하다고 봐야 한다. 기간도 문제였지만 무엇보다 아이들이 어른을 믿지 않는 게 가장 큰 걸림돌이었다. 기존 어른들과 겪은 부정적인 경험들로 인해 아이들은 낯선 어른을 만나면 먼저 방어적인 태도를 취했고, 상담을 하자며 따로 불러내어 단둘이 앉으면 더욱 경계하며 말을 아꼈다. 상담은 신뢰관계를 형성해야 진행이 되는데, 첫 단추도 제대로 꿰기 어려웠다. 그들에겐 형식에 얽매이지 않고 자유롭게 이야기하는 새로운 방식의 상담이 필요했다. 아이들은 밀폐된 공간에 단 둘이 앉아서 대화를 하는 것보다 같이 드러누워 과자를 먹으며 얘기할 때 훨씬 진솔하게 마음을 열었다. 성매매, 절도, 폭행……. 아이들마다 따라다니는 사건 기록들은 그야말로 기록일 뿐이었다. 같이 먹고 자고 뒹굴면서 그 아이들의 아픔이 온몸으로 전해졌다. 그럴 때 아이들도 내가 하는 말을 왜곡하지 않고 진심으로 받아들였다. 아이들과의 상담은 기존의 상담 형식보다 일상생활 속에서 자연스레 대화를 이어가는 방식이 훨씬 효과적이었다. 하지만 과연 이런 작업을 상담이라 할 수 있을지 혼란스러워졌다. 그러던 차에 실무자를 위한 상담 교육 강사로 온 정신과 의사선생님이 자신은 길거리에서 떡볶이를 먹으면서 '상담'을 한다고 했다. 걸으면서, 떡볶이를 먹으면서 대화를 하는 것 또한 상담이라 할 수 있는 것이다. 가출 청소년에겐 형식이 중요하지 않았다. 수업 때 배웠던 전통적인 상담 프로세스만이 진정한 상담이 아니며, 대상에 따라 차별적인 접근이 필요하고 때론 기존 틀을 과감히 깨야 한다는 걸 깨닫게 되었다. 이곳에서 일하지 않았다면 상담의 내용보다 형식을 더 중요하게 여겼을 것이다.

시간이 지날수록 수업시간에 배웠던 이론을 현장에 맞게 응용할 수 있게 되었지만, 처음부터 그러진 못했다. 보호 업무에 치여 상담은 제대로 할 수가 없었기 때문이다. 상담을 한다 하더라도 독립된 공간이 없는 데다, 조금이라도 불만이 있으면 바로 공격하는 아이들의 심각하고도 복잡한 문제를 상담한다는 게 초보 상담자에겐 참으로 버거운 일이었다.

기본적인 돌봄을 받지 못한 아이들에게는 의식주를 챙겨 주고 일상에서 어른과 편안하면서도 친밀한 관계를 맺는 경험 자체가 치료였다. 긍정적인 관계를 경험하고 기본적인 돌봄이 지속적으로 제공되자 아이들은 점점 눈에 띄게 안정되기 시작했다.

때론 언니처럼 같이 뒹굴고 장난치면서 놀기도 하고, 때론 엄마처럼 밥도 먹이고 돌봐 주고, 때론 프로젝트 매니저로 새벽 거리에서 아이들을 만나 밀집지역을 파악하고, 병원에서 진료 받은 결과를 검사기관에 보내면서 연구를 진행해 가기도 했다.

아이들을 접할수록 가출 청소년에게 맞는 새로운 상담기법과 아이의 정신적, 심리적, 신체적 상태를 초기에 정확하게 스크리닝*하는 방법을 개발하는 일의 중요성을 절실하게 느꼈다. 쉼터에 오는 대부분의 아이들은 여러 문제를 복합적으로 지니고 있기 때문에 빠른 시간 내에 아이들의 문제를 정확하게 알아차린다면, 직원들도 효과적으로 개입할 수 있을 것이다. 그러나 현장에서는 아이들을 돌보고 크고 작은 사건들을 수습하느라 연구하는 데 쓸 에너지가 없었다. 나 역시 주중 주말 구분 없이 한 달의 절반을 직장에

---

* screening. 몸이 아프면 병원에서 기초검사나 CT촬영 등을 통해 원인을 살펴보는 것처럼 심리 상태의 여러 면을 간단하게 테스트해 보는 것을 말한다. 짧은 시간에 여러 영역을 간단히 점검해서 어느 부분에 문제가 있는지 빠르게 판단한다. 스크리닝 결과를 바탕으로 의심되는 영역을 좀 더 정밀하게 파악하는 심리검사를 추가적으로 실시할 수 있다.

서 숙직으로 밤새 지내다 보니, 전공 서적 하나 제대로 살펴볼 시간이 없었다. 필요하다고 느낀 검사도구를 누군가 개발해 주었으면 했지만 당시엔 불가능한 바람이었다.

시간이 한참 흘러 정부산하기관으로 이직하면서 기적처럼 그 바람을 실현할 수 있는 연구를 맡게 되었다. 이곳에서 경험했던 모든 것들이 자산이 되어 연구를 잘 마치게 되었고, 완성된 스크리닝 도구는 한국청소년쉼터협의회에 넘겨서 전국의 청소년쉼터에 배포하기로 했다.

지금 내가 하고 있는 일의 끝이 보이지 않거나 의미 없어 보일 때가 있다. 앞이 보이지 않아 답답하고 당장이라도 그만두고 싶더라도 최선을 다한다면 인생에서 쓸모없는 경험은 없다. 언젠간 분명 지금 하고 있는 일이 거름이 되어 나만의 빛깔을 담은 소중한 열매를 맺을 것이다.

Q... 상담자가 상담을 받는 경우도 있나요?

A... 당연히 있습니다. 상담자이기 이전에 한 인간으로서 자신의 삶
을 이해하고 싶거나, 묵혀 두었던 문제들을 살펴보기 위해서 전문가
를 찾아갑니다. 다른 사람을 상담하기 이전에 자신을 바르게 이해하
고 자신의 문제를 해결하는 게 먼저이기 때문이죠. 이는 상담자 개인
문제 때문에 내담자에게 피해를 주지 않도록 상담자가 감당해야 하
는 윤리적 책임이기도 합니다. 저와 가까운 동료 상담자는 자신의 동
생이 성폭행을 당했는데 그 문제가 아직 자신 안에서 해결되지 않아
서 성폭행 가해자는 상담을 하지 않습니다. 반면, 어떤 상담자는 가
족 중에 자살한 사람이 있었지만 상담을 공부하면서 그 문제가 자신
안에서 온전히 치유되자 자살 시도자들, 유가족들과 더 깊이 공감하
며 효과적으로 상담해 가고 있습니다.

이렇듯 상담자가 자신의 한계와 장점을 바르게 인식하는 것은 무

척 중요합니다. 전문가가 되기 전에 상담(교육분석)을 짧게는 몇 회에서 길게는 몇 년씩 받지만 전문가가 되었다고 더 이상 상담을 받지 않는 건 아닙니다. 상담을 진행하는 과정에서 뭔가 막히거나, 자신의 개인 문제가 여전히 해결되지 않은 채 상담 과정에 영향을 주고 있을 때 다른 전문가를 찾아가 상담을 받기도 합니다. 자신의 취약점을 노출해야 하는 만큼 신뢰할 수 있는 사람인지 정말 상담을 잘하는 분인지 까다롭게 확인하고, 이왕이면 자신이 배우고 싶은 이론이나 기법을 사용하는 전문가를 찾아가죠.

상담은 보이지 않는 사람의 마음을 다루기 때문에 상담자가 더욱더 조심하고 철저하게 준비하게 됩니다. 자신의 문제 때문에 상담 과정에 그 어떤 부정적인 영향도 주지 않으려 노력하는 거죠. 국내에서 어떤 분야에서 이미 대가로 여겨지는 분도 자신보다 어린 사람에게 분석을 받기도 합니다. 자신의 틀에 갇히지 않고 새로운 흐름을 배우려고 끊임없이 노력하는 그분의 모습을 보면 사람의 마음을 다룬다는 건 참으로 조심스럽고 또 조심스러운 작업이란 생각이 듭니다. 자신을 다듬는 작업이 끝이 없어 보이지만, 힘들더라도 마음은 눈에 보이지 않기 때문에 오히려 더 신중하고 섬세하게 다루도록 지속적으로 노력해야 합니다.

진짜 나를 찾아가는 시간

학교마다
특성도 각양각색

대학상담센터에서 근무할 때는 그 학교만 지니고 있는 문화나 지역적 특색, 학생들의 특성을 잘 이해해야 한다. 학생 개개인의 특성도 있지만, 학교나 학과가 지니고 있는 전반적인 문화적 특성을 고려할 때 비로소 내담자의 문제에 객관적으로 접근할 수 있다. 큰 그림을 그리지 않은 채 지엽적으로만 접근하면 많은 걸 놓치게 된다.

예를 들어 특성화 대학처럼 특징이 분명한 집단일 경우엔 학교 구성원들의 특수성에 대한 정확한 이해가 없이는 학생들의 문제를 정확히 파악하기 어렵다.

여러 대학의 상담센터에서 일하며 느낀 것인데, 같은 대학생이라 해도 학교나 학과에 따라 수업방식과 주요 쟁점이나 캠퍼스 문화가 달라서 처한 상황도, 겪는 어려움도 제각각 차이가 있었다. 때문에 상담자에게는 자신의 경험에 비추어 학생들을 바라보기보다 문화심리학적 관점에서 적극적으로 탐색하는 자세가 필요하다. 그렇다 보니 학교에서는 외부인보다 학교 시스템을 잘 알고 있는 졸업생을 선호한다.

카이스트의 대학상담센터에서 근무했을 때의 일이다. 내가 근무할 때만 해도 전교생이 기숙사에서 생활했고 과학고에서 2학년을 마치고 진학한 학생들이 대부분이었다. 1학년 때는 소속 학과나 단과대가 없다 보니 동문들과 어울려 지내서 대학교라기보다는 자유가 주어진 고등학교 생활의 연장선이라고 느끼는 새내기들이 많았다. 학교가 워낙 조용하고 한적한 곳에 위치해 있어 학생들이 학교 밖으로 놀러갈 곳도 마땅치 않았다. 지금도 캠퍼스 주변엔 갑천이 흐르고 나무들이 울창한 산책길이 주를 이루고 있다. 그나마 지금은 후문에 카페가 많아져서 학생들이 혼자 앉아서 공부하는 모습을 심심치 않게 볼 수 있다. 이런 한적한 분위기에 적응하지 못해서 외로움을 느끼거나 스트레스를 해소할 방법이 없다며 답답해하는 학생들도 많았다.

대부분 대학교에서는 새내기들을 위해 학과별 혹은 단과대별 오리엔테이션을 진행하는 반면, 카이스트는 입학생 대부분이 과학고 졸업생들이어서 과학고별로 선배들이 자발적으로 1학년들을 위한 신입생 환영회를 진행한다. 상대적으로 일반고 출신은 소수이다 보니 학과가 정해지기 전까지는 과학고별로 뭉치는 학교 분위기에 적응하기 힘들어했다.

2학년 때는 대부분 1학년 성적과 상관없이 전공을 선택하여 진학할 수 있기 때문에 과학고 2년 동안 받았던 엄청난 압박감을 해소하기 위해 입학 후 1년 동안은 하고 싶은 공부를 하되, 동아리 활동을 활발히 하며 그동안 쌓인 스트레스를 풀었다.

그렇다고 놀기만 하는 건 아니다. 타 대학에서는 공부하는 학생과 안 하는 학생의 공부량의 편차가 크지만, 카이스트는 전교생 대다수가 시험기간과 상관없이 늘 성실하게 공부하다 보니, 웬만큼 공부해서는 높은 학점을 받기 어렵다. 평일과 주말의 구분이 없이 새벽 2~3시까지는 학교 곳곳에 불이 켜져 있다. 일반 대학들과 달리 학교 축제기간에도 캠퍼스는 평상시와 다름없이 조용하기만 했다.

카이스트에서는 싸이월드나 페이스북이 유행하기 전부터 학생들 대다수가 학내 서버에서만 접속이 가능한 개인 게시판을 운영하고 있었다. 일기처럼 그날의 단상들을 적고 학내 구성원은 누구든 접속해서 읽을 수 있어서 친구들끼리 서로의 근황을 개인 게시판을 통해 확인하곤 했다. 만나서 말로 토로하기보다 글로 쓰는 걸 선호하다 보니 많은 정보와 의견들이 학내 게시판에서 활발하게 공유되었다. 겉으로 보기엔 캠퍼스를 지나다니는 학생들도 별로 보이지 않을 만큼 조용하고 한가로워 보이지만, 학내 게시판에서는 치열한 논쟁과 무수한 정보들이 교류되고 있었다. 캠퍼스 부근 맛집에 대한 평가부터 어느 집 알바생이 예쁜지, 몇 시에 근무하는지에 대한 세세한 정보까지 실시간으로 공유되었다. 학생들의 평가에 의해 주변 식당이 문을 닫기도 하고 장사가 잘되기도 할 만큼 게시판의 위력은 대단했다.

학생들 대다수가 이성적이고 논리적인 성향이 강한 편이라 게시판에 쓴 글 중에 오타가 보이거나, 사소하더라도 잘못된 정보가 있을 경우 바로 그 부분을 정중히 지적하거나 정보 수정이 필요하다는 댓글을 달았다. 또한 누군가 궁금한 게 있어서 물으면 전혀 상관없는 사람이라도 친절하게 구체적인 정보를 알려주고, 의견이 서로 다른 경우 지나치지 않고 적극적으로 자신의 의견을 제시하여 어떤 글은 댓글이 몇십 개씩 달릴 정도로 활발한 토론이 이루어지기도 했다.

입사한 지 얼마 안 되어 상담센터 홍보 업무를 맡게 되었을 때, 이런 학생들의 특성을 고려하여 가장 효과적인 방법이 무엇일지 여러 가지 방안을 두고 고심하였다. 지금까지의 홍보 방식은 센터 서비스나 행사 프로그램을 알리는 포스터를 제작해서 배포하는 것이었다. 하지만 대부분의 학생들이 컴퓨터와 친숙하고, 주로 학내 게시판을 통해 정보를 얻고 의견을 교류한다는 점을 고려할 때 온라인으로 홍보하는 방법이 가장 효과적일 거란 판단이 들었다. 학생들이 즐겨 보는 게시판에 공식적인 느낌을 최대한 배제하면서 친밀한 느낌으로 글을 작성하기로 하였다. 학생들의 즉각적인 반응이 올라왔다. 선생님이 궁금하다, 상담 받아 보고 싶다, 글이 따뜻하다며 학생들이 여기저기서 댓글을 달았다.

학교와 학생들의 특징을 생각하고 업무에 적용하여 예산을 거의 들이지 않고 상담센터의 서비스를 홍보하고, 상담센터를 낯설게 여기는 학생들에게 따뜻하고 친밀한 이미지를 심어 줄 수 있었다.

기숙사는
또 하나의 사회

새벽 2시 서울의 어느 대학교. 깜깜한 밤하늘에 반짝이는 별처럼 드넓은 캠퍼스에서 드문드문 기숙사 창문으로 밝은 불빛이 새어 나온다. 시험기간이 되면 기숙사 근처의 학교 식당들도 일제히 독서실로 변한다. 길을 지나다가 식당 빼곡히 학생들이 앉아서 조용히 전공서적을 읽으며 공부하는 모습을 보면, 어느새 시험기간이 다가오고 있음을 알게 된다.

캠퍼스에는 1인실부터 결혼한 학생이 가족과 거주할 수 있는 가족생활관까지 다양한 형태의 기숙사가 있다. 기숙사에는 석사나 박사 과정의 학생들이 동조교로 근무하며, 동조교 1인당 약 100여 명의 학생들을 관리한다. 5명의 대표조교들이 상시 근무하면서 동조교들을 관리하고, 매주 진행되는 회의에서 담당 교수와 직원들에게 한 주 동안 점검한 사항들을 보고한다.

다양한 학생들이 공동체 생활을 하다 보니 기숙사엔 별의별 일들이 일어난다. 일단 룸메이트와 갈등이 생기면 각자 동조교에게 자신의 불편함을 호소하며 각각 자신의 의견을 담은 의견서를 제출하는데, 그 의견서의 내용은 서로의 생활 패턴이 다르고 의사소통이 제대로 이루어지지 않아서 생기는 문제들이 대부분이다.

'상대가 밤늦게까지 불을 켜 놔 잠을 제대로 못 자는 바람에 다음 날 수업에 지장이 많다.' '코 고는 소리가 너무 커서 잠을 못 자겠다.' '친구를 자주 방으로 데려와서 불편하다.' '방 청소를 나눠서 하는데 전혀 하지 않는다. 자기 침대 주변에 쓰레기를 쌓아 놔서 냄새도 심하고 더러워서 못 살겠다.'는 등의 하소연이 주를 이룬다.

동조교가 양쪽을 만나 합의점을 찾기도 하고, 관계가 너무 악화되어 더 이상 어떻게 할 수 없는 경우에는 방을 바꿔 주기도 하고, 규정을 어긴 경우엔 벌점을 부과하는 제안서를 제출하기도 한다. 단 둘이 지내는 2인실에서 룸메이트가 옷이나 액세서리를 가져갔다고 신고하거나 서로 상대방이 먼저 공격적인 말을 했다고 주장하면 누구 손을 들어 줘야 할지 난감해진다.

매주 회의에 참석하면서 기숙사 내에서 이루어지는 갈등과 어려움들을 구체적으로 이해하게 되었다. 성격과 의사소통 방식의 차이로 생긴 갈등인 경우 벌점만 부과한다면 비슷한 문제가 다시 반복될 뿐이다. 그보다 학생들이 서로의 입장을 이해할 수 있도록 갈등을 일으키는 성격의 차이를 알기 쉽게 설명해 주면 표면적인 문제 너머 자신의 모습을 깨닫게 되고 서로 조심하면서 배려하기 위해 노력해 간다.

이러한 중재 과정을 잘 진행하려면, 기숙사 내에서 일어나는 일들에 가장 먼저 개입하는 동조교들이 자신과 타인에 대해 깊이 이해하고 있어야 한다. 그래서 신입 동조교들이 선발되면 전체를 대상으로 3일에 걸쳐 또래상담 교육을 진행했다. 다들 학생들이라 낮에는 수업 듣고 실험하느라 바빠서 주로 저녁 시간에 모여 교육을 실시했다. 대학생들이 자주 겪는 심리적 문제와 정신 장애 그리고 경청 및 공감, 문제해결을 위한 의사소통 기술을 실습하였다. 무엇보다 동조교간의 팀워크가 좋아야 에너지가 소진되지 않기 때문에 동조교들이 친해질 수 있도록 중간 중간 동기부여 및 팀빌딩 작업을 진행했다. 또한, 상담센터의 업무를 이해하고 상담 전문가에 대한 신뢰가 있어야 어려움을 겪는 학생들을 자신 있게 연결해 줄 수 있으므로 동조교들이 자신의 문제로 센터 문을 두드릴 때 적극적으로 도왔다. 점점 서로 친밀해지면서 상담을 이해하게 된 동조교들이 적극적으로 학생들을 연결해 줄 뿐만 아니라 갈등이 심각할 경우 어떻게 중재해야 할지 자주 상의하기 시작했다. 특히나 상담을 받아 본 동조교의 경우엔 효과를 스스로 느낀 만큼 더 적극적으로 학생들에게 상담을 권하였다.

또래상담자들 덕분에 상담센터에 자발적으로 찾아오지 않는 심각한 문제를 가진 학생들이 조기에 발견되었고, 동조교의 권유로 상담센터를 찾아와 상담을 받았다. 그 이후에도 동조교들이 또래상담자로서 학생들을 적극적으로 도왔다.

똑똑한 학생을
상담하려면

상담을 하다보면 재밌는 일들이 참 많다. 그중에 지금도 기억나는 에피소드가 있다. 어느 대학상담센터에서의 일이다. 도서관에 참고서적들을 주문한 적이 있었다. 도착했다는 메시지를 받고 빌리러 갔더니 이미 누군가 대여해 간 후였다. 그 책을 빌려 갈 만한 사람이 없는데 누굴까 궁금해하며 돌아왔는데, 며칠 후 개인상담을 받고 있는 학생이 내 전문성을 테스트해 봤다고 고백했다. 도서관에서 상담분야 전문 서적들을 빌려서 상담자 반응을 척도화해 놓은 부분을 살펴봤단다. 두 번 상담을 받는 동안 자신의 상담자가 보인 반응을 토대로 경청, 공감, 반영, 탐색 등 각 영역별로 상담자 반응이 몇 점인지 체크해 봤는데 상담을 계속 받기로 결정했다며 아무렇지 않게 날 쳐다보았다. 신뢰관계가 꽤 형성되었다 여겼는데, 순간 놀라기도 하고 긴장이 되었다. 막연하게 상담자의 전문성을 의심하는 게 아니라 전공서적을 찾아 테스트해 봤다니, 참 똑똑하다 싶었다. 다시 한 번 읽어 봐야지 하고 주문했던 책이 이런 용도로 쓰일 줄은 몰랐지만, 적극적으로 상담자를 테스트하는 태도가 놀랍기도 하고 흥미로웠다.

　내담자가 인지적으로 똑똑한 경우 상담자의 전문성에 대한 신뢰가 생기면 상담 전개가 비교적 빠르고 합리적인 문제해결방법도 잘 찾아서 표면적으로는 문제가 잘 해결되는 것처럼 보인다. 그러나 내면에 있는 깊은 불안과 두려움은 접어 둔 채 이성적으로만 접근하면 문제가 계속 반복되는 경우가 많기 때문에 상담자가 면밀하게 살펴봐야 한다.

특히 명문대의 학생들은 대다수가 어려서부터 학업에만 집중하다 보니 자신의 감정은 무시하고 억압하며 지내 왔다. 우울함이나 외로움 등 부정적인 감정은 공부에 방해만 되고, 감정을 읽어 주는 사람도 없다. 문제가 생기면 감정은 차단한 채 이성적으로 문제를 해결할 방법만 찾는다. 상담을 받을 때도 지금까지 해 왔던 것처럼 논리적인 전개를 중시하고 자신의 감정을 알아차리지 못한다.

이렇게 자신의 감정을 억압할 때 꿈을 통해 자신의 상태를 나타내거나 심각한 경우 환시를 보거나 환청을 듣기도 한다. 겉으로 보기에는 학점도 우수하고 학업 성과도 뛰어나지만, 내면을 살펴보면 어렸을 때 받은 상처와 반복되는 두려움으로 인해 강박증 같은 다양한 정신질환을 앓고 있는 학생들이 많다. 인간의 심리에 대한 이해가 없는 주변 사람들이 보기에 그들은 그저 독특한 천재로만 비춰질 뿐, 전문적인 치료가 필요하단 인식을 하지 못해 증상이 더 심각해지는 경우도 더러 있다.

주위의 대다수가 박사까지 마치고 관련 분야에 연구원이나 회사원, 교수로 취업하기 때문에 별생각 없이 진학했다가 졸업을 앞두고 심각한 고민에 빠지기도 한다. 특목고를 거쳐 내로라하는 대학교, 대학원을 진학하는 동안 부모님의 기대 속에 일반적으로 친구들이나 선배 따라 큰 고민 없이 진학한다. 그럭저럭 공부도 재미있어서 다른 길을 생각해 본 적이 없다. 그러나 막상 졸업 이후 계속 연구를 하며 성과를 내야 한다고 생각하니 자신이 없어지고 불안해지는 것이다. 개중에는 박사 졸업 논문을 앞두고 다시 수능을 보는 케이스도 꽤 있다.

늘 전교에서 최고였기 때문에 대학에 와서도 당연히 자신이 최고가 되어야 한다고 생각한다. 평소처럼 열심히 공부를 하고 과제를 제출했는데, 내가 1등이 아니라 중간도 되지 않는다는 것을 확인하는 순간 겪는 충격으로 어찌할 바를 몰라 방황하다가 이내 마음을 추스른다.

'그래, 지금은 첫 학기니까 그럴 수 있어. 학교생활도 낯설고 공부하는 방식도 고등학교 때랑 많이 다르니까. 이젠 어떤 식으로 공부해야 하는지 알았으니까 정말 열심히 하면 다음 학기에는 회복할 수 있을 거야.'

친구들과 놀지도 않고 쉬지도 않고 할 수 있는 한 최선을 다해 공부한다. 너무 피곤해서 자려다가도 여전히 캠퍼스 곳곳에 불이 켜져 있으면 누울 수가 없다. 정말 할 만큼 했다고 생각한다. 그래서 이번에는 성적이 잘 나올 거라고 내심 기대한다. 하지만 결과는 여전하다. 아주 조금 오르기는 했지만 여전히 중간도 못 미치는 순위다. 열심히, 정말 죽을 것처럼 열심히 했는데도 성적이 나오지 않는다. 이젠 어떻게 해야 하나. 공부 외에는 생각해 본 적이 없는데 이렇게 성적이 안 나오면 도대체 졸업해서 뭘 할 수 있을까. 그때부터 점점 무기력해진다. 지금까지 '공부 잘하는 아이'가 자신의 정체성, 아니 전부였는데 그 유일한 무기가 사라져 버린 것이다. 이젠 어떻게 살아야 할지 너무도 막막하기만 하다.

명문대를 다니는 학생들은 워낙 공부를 잘해서, 공부로 열등감을 느끼는 일은 없을 거라는 편견이 있다. 하지만 내가 만난 명문대생들 중에는 오히려 성적 때문에 존재 자체가 흔들리는 학생들도 있었다. 성적이 잘 나오지 않을 때, 혹은 성적은 좋지만 간신히 그 성적을 만들어내고 있을 때 학생들은 엄청난 중압감에 짓눌려 불안해한다. 공부하는 기술만 키우다 보니 스트레스를 해소하는 방법은 모른다. 그저 다시 또 공부하는 수밖에 없는데 잘 해낼 자신이 없어지면 한순간에 무너져 버린다. 그래서 자살을 시도하기도 하고 대책 없이 휴학하거나 은둔형 외톨이처럼 방에서 안 나오기도 한다. 혹은 학업을 해나가긴 하지만 끊임없이 자신을 채찍질하며 강박증이나 섭식 장애, 수면 장애 등 여러 질환을 앓으며 하루하루를 간신히 버텨 가기도 한다.

이렇게 힘들어하는 학생들은 흔들릴 때 자신을 붙잡아 줄 사람을 찾지 못하는 경우가 많다. 그렇게 혼자서 끙끙거리다 보면 두려움에 휩싸여 시야가 좁아지고 결국 극단적인 생각까지 하게 된다.

바로 옆에 선택할 수 있는 다른 길들이 있지만 시선을 돌리지 못하고 그 자리에 주저앉아 버린다.

이런 학생들과 마주할 때면 그동안 깊이 억압해오던 정서를 스스로 느낄 수 있도록 노력을 기울인다. 감정을 느끼는 과정은 낯설고 혼란스럽기도 하다. 하지만 서서히 자신의 감정을 느끼고 인식하고 나자, 마치 판도라의 상자를 연 것 같다며 신기해하는 학생도 있었다. 자신 안에 이렇게 다양한 감정이 있는지 몰랐다며 눈을 반짝반짝 빛내며 즐거워했다. 어떤 학생은 도수가 맞는 안경을 쓴 것처럼 세상이 너무도 선명하고 아름답게 보인다며 끊임없이 감탄하기도 했다.

감정을 인식하기 시작하면 그동안 억압했던 감정들이 올라오기 시작하고 그 정서와 관련된 해묵은 문제들이 수면 위로 떠오르기도 한다. 사고뿐만 아니라 자신의 정서도 신뢰하게 되면서 점차 사고와 정서가 조화를 이루게 되고 한쪽으로 기울었던 시각이 제자리를 찾는다. 자신을 깊이 이해하게 되면서 자신이 진정으로 원하는 삶에 대한 탐색이 안정적으로 이뤄진다.

내면의 소리에 귀 기울일수록 가족이나 주변 사람들과 의견 충돌이 일어나도 자신의 페이스를 유지하며 지혜롭게 자신의 의견을 개진할 수 있다. 물론 그 과정에서 내담자가 적절한 대응방식을 학습할 수 있도록 그때그때 맞는 치료 방법들을 병행한다.

적절한 상담 기술도 중요하지만, 상담자가 먼저 앞서 가지 않고 내담자가 준비될 때까지 충분히 그 자리에 머물러 준다면 대부분의 내담자들은 자신의 길을 스스로 잘 찾아간다.

타 전공 관리자를
상담 마니아로

바이오 분야 관련 학과의 대학상담센터에서 근무할 때의 일이다. 센터는 지방대 혁신역량강화사업비로 운영되었다. 따라서 분기별 성과 보고서의 비중도 컸고 평가에 따라 예산이 삭감되거나, 프로젝트의 재선정 여부에 따라 센터가 없어질 수도 있었다. 이곳에서 나는 총괄 운영자로서 상담뿐 아니라, 인력 및 예산 관리, 센터 홍보부터 중요한 회의 참석 및 발표, 분기별 성과 보고서 작성 등 관리자 업무를 병행해야 했다. 학생들을 위한 상담 프로그램을 기획하기도 했지만, 학생들을 위한 것이라고 해서 모든 것을 내 마음대로 할 수는 없었다. 센터장을 비롯해 관리자인 교수님들의 승인이 있어야 일을 진행할 수 있기 때문이다.

청소년상담기관과 달리 대학상담센터의 센터장은 대부분 그 학교의 교수가 맡는다. 센터장이 상담 관련 학과 교수님일 경우엔 상담 프로그램 진행이 수월하지만, 타 전공 교수님이 보직으로 겸하실 때는 우선 그분들이 '상담'에 대해 이해할 수 있도록 설명하는 일부터 시작해야 한다.

여기에도 막대한 에너지가 소모된다. 상담에 대해 잘 모르다 보니 처음에는 상담센터의 성격과 맞지 않는 업무들을 맡기기도 한다. 또 당장 결과가 눈에 보이고 높은 실적을 낼 수 있는 프로그램을 진행하길 원하는 경우도 있다.

내가 근무한 대학상담센터들은 센터장을 비롯해 관리직에 있는 교수님 대부분이 타 전공이었다. 상담 분야를 접해 본 적이 거의 없는 이공계열 교수님들이 많아서 일의 중요성을 실적으로 판단하는 경우가 많았다. 한번은 한 시간에 한 명밖에 만나지 못하는 개인상담이나 심리검사는 하지 말고, 많은 실적을 낼 수 있는 특강이나 취업 스킬을 가르쳐 주는 다른 프로그램들을 진행하라고 했다. 게다가 나의 주 업무와 관련이 없는 회의나 행사도 모두 참석하고 매주 회의 때마다 센터 실적을 보고하라는 지시가 내려왔다. 취업 교육은 경력개발센터에서 하고 있는데 상담센터에서 가장 중요한 업무인 상담을 하지 말라니, 하늘이 무너지는 것 같았다. 아무리 설명을 해도 단호했다. 상담 자체가 개인을 회복시키기 위한 고급 서비스로 한 시간에 한 명을 만나더라도 학생 개개인의 정신건강이 회복되고 심리적으로 안정되어야 학업과 취업에서도 성과를 낼 수 있다고 말씀드려도 소용없었다. 집단상담도 비슷한 문제를 지닌 사람들을 대상으로 교육이 아니라 상담을 진행하기 때문에 많아야 8명에서 12명으로 진행하게 된다. 하지만 이 또한 숫자가 너무 적다며 하지 말라고 하셨다. 새로운 상담 프로그램 개발은커녕 기존 프로그램에 대한 최소한의 운영비도 지원을 받을 수가 없었다.

이때는 관리자가 상담의 중요성을 인식할 때까지 우선 요구하는 사항에 최대한 성실하게 따르는 게 중요하다. 일단 요청받은 회의 및 행사에 전부 참석하고, 매주 실적을 정리해서 보고하고, 중요하다고 강조한 교육 및 프로그램들을 모두 기획해서 새롭게 진행했다. 요구한 일만 하기에도 시간이 부족했지만, 그렇다고 상담을 소홀히 할 수는 없었다. 실적이 쌓이다 보면 언젠가는 이 분야의 일이 얼마나 가치 있고 중요한지 알아줄 것이라 믿었다. 일을 해 나가는 틈틈이 관리자가 쉽게 이해할 수 있도록 상담에 대해, 상담센터 특성에 대해 설명하면서 조용히 상담 업무를 병행했다. 지시받은 취업 프로그램들을 기획하고 진행하면서 개인상담 및 심리검사도 실시했다. 상담 프로그램을 개발해 운영하다가 과로로 쓰러져도 병원에서 링거를 맞고 다시 근무하기도 했다.

자발적으로 개인상담과 심리검사를 실시하고 상담 프로그램을 개발하고 운영한 결과를 매달 보고했다. 프로그램의 평가 설문 결과도 좋았고 연말에 국가 예산을 집행한 결과 보고서를 제출했을 때 심사기관으로부터 호평을 듣기도 했다. 그러자 관리자들의 인식이 차츰 바뀌기 시작하였고, 나중에는 상담 업무의 중요성을 인정해 주었다. 처음에는 일이 많아서 많이 힘들었지만, 신뢰가 깊어질수록 상담자의 역량개발을 위해 교육을 보내 주거나 적극적으로 지원해 주어서 오히려 더 많은 혜택을 받을 수 있었다.

자연스레 센터의 예산은 증가했고, 원하면 언제든지 기존 업무 이외에 새로운 아이템을 진행할 수 있도록 불필요한 행정 업무를 최소화해 주었다.

종종 센터징과 의견이 달라 어찌해야 할지 모르겠다며 조언을 구하는 사람들이 있다. 센터 성격에 맞지 않거나, 효율적이지 않아서 몇 가지 염려되는 부분들에 대해 말했음에도 불구하고 강력히 원할 때는 계속 아니라고 하기보다는 일단 그 일을 진행하는 것이 좋다.

일은 사람과 사람이 하기 때문에 우선은 관리자와 신뢰를 쌓아야 한다. 비록 내가 보기엔 적절하지 않더라도 관리자의 의견을 존중하며 원하는 업무를 최대한 잘 해내는 것이 중요하다. 요구사항을 잘 수행해 내면 조금씩 마음을 열고 나의 이야기에 귀를 기울여 준다. 뿐만 아니라 성과가 좋으면 신뢰도 점차 증가한다. 당장은 불필요한 일까지 해야 되서 불만스럽거나 손해인 것처럼 느껴질 수 있지만 장기적으로 봤을 때는 크나큰 이득이다.

정해진 업무만 하기보다 필요하다고 판단될 때는 두려워하지 않고 새롭게 기획하며 적극적으로 일을 하는게 좋다. 처음에는 힘들수 있고 '내가 왜 사서 고생하는지' 버겁게 느껴지기도 하지만, 점점 일이 확립되어 가면서 결국 그 일로 인해 내 실력이 향상된다는 것을 깨닫는다.

진심을 가지고 정직하게 일하다 보면 언젠가는 주변 사람들도 인정하게 되어 결국 사람을 얻게 된다. 그리고 무엇보다 나 자신에게 떳떳하므로 알아주든 알아주지 않든 당당할 수 있다. 일은 사람이 하는 것이므로 일보다 사람을 얻는 게 중요하다. 살다 보면 내 마음을 몰라주는 사람도 있지만, 대부분은 진심이 통하게 되어 있다. 세월이 많이 흘렀지만, 지금도 직장에서 함께 일했던 사람들과 연락하고 지낼 뿐 아니라 내 인생에 중요한 사람으로 자리매김한 분들이 꽤 있다. 학교 다닐 때뿐 아니라 사회에서도 얼마든지 마음을 나누는 소중한 사람들을 만날 수 있다. 내가 스스로를 믿고 진심으로 대한다면 말이다.

내 멋대로
도전기

관리자와 신뢰를 쌓아 가면서 대학상담센터에서만 할 수 있는 다양한 교육 프로그램을 기획하고 실시했다. 나는 호기심이 많아서 무엇이든 시도하는 것을 즐기는 편이다. 정해진 일만 하기보다 필요하다고 판난되면 새롭게 만들어서 진행하는 것을 좋아한다.

대학상담센터처럼 비교적 업무가 자유롭고, 대학생들에게 맞는 창의적이고 다양한 프로그램을 기획하길 권장하는 업무 환경에서는 물 만난 고기처럼 신이 난다. 내가 하고 싶다고 다 할 수 있는 건 아니지만, 예산과 인력이 많이 들지 않을 경우 얼마든지 시도해 볼 수 있다.

대학생들은 청소년과 달리 자신의 인생을 선택하고 책임을 질 수 있다. 청년기는 자신에 대한 이해를 바탕으로 진로를 구체적으로 준비해 가는 시기이므로 그 누구보다 가능성이 많고 상담의 효과도 높다.

대학생이 되면 갑작스럽게 주어진 자유 속에서 그동안 쌓아 두었던 문제들이 슬금슬금 모습을 드러낸다. 청소년기부터 자신을 이해하기 위한 작업이 시작되어야 하건만, 우리나라는 대학 진학 전까지는 모든 에너지가 학업에만 집중되기 때문에 대부분의 대학생들이 억압된 청소년기를 보내고 미숙한 상태로 입학한다. 그러다 보니 학과 교수, 선후배, 애인 등 다양한 인간관계 속에서 어려움을 겪기도 하고, 부모님과의 갈등이 증폭되기도 한다. 발표에 대한 불안을 경험하기도 하고, 새로운 친구를 사귀는 방법을 몰라 외톨이로 지내거나 진로를 결정하지 못해서 헤매기도 한다. 대학 생활 속에서도 자신이 누구인지, 어떻게 살고 싶은지, 무엇을 원하는지에 대한 사색과 성찰하는 시간을 갖지 못한 채 졸업 이후의 삶을 위한 준비로 또 다른 압박이 시작된다.

이런 혼란스러움을 해결하기 위해 자기 발로 상담센터를 찾는 학생들은 많지 않다. 상담을 받으면 '자신에게 문제가 있다'고 보여질까 봐 꺼린다. 학생들을 부담 없이 센터에 오게 하려면 '너에게 문제가 있으니까 상담을 받아야 한다'라는 접근보다는 '자기계발을 위한 투자의 일환으로' 센터에 오게 하는 쪽이 효과적이다.

모 대학에서 근무할 때의 일이다. 입사 초기에 신입생 전체를 대상으로 개인의 심리상태를 전반적으로 점검하는 심리검사(MMPI)를 실시하고 걱정되는 일부 학생들을 해석하는 업무가 주어진 적이 있었다. 분석 결과가 평균에서 많이 벗어난 학생들은 센터로 불러서 적응 상태를 점검하는 업무였다. 그동안 해석상담을 하기 위해 학생들에게 연락했지만 꺼려하며 오지 않아서, 1년 내내 못 만나기도 했다며 각별히 주의하라는 지시를 받았다. 특별관리대상자 명단을 바라보면서 어떻게 하면 거부감 없이 센터에 오게 할 수 있을까, 해석할 때 어떤 점을 고려해야 할까 고민했다. 한 번의 검사로는 그 사람의 전부를 알 수 없을 뿐만 아니라, 신입생 OT 때 단체로 실시한 검사이므로 환경적 요인도 고려해야 했다.

이번 해석상담의 목적은 학생이 자신의 상태를 바르게 이해하도록 돕는 것과 힘들 때 상담센터를 찾아올 수 있도록 신뢰관계를 형성하는 것이 먼저라는 생각이 들었다.

사람들은 대부분 검사 결과를 들으러 올 때면 혹시라도 이상한 결과가 나올까 봐 긴장한 표정이다. 긴장감을 풀어주기 위해 먼저 심리검사는 인간이 만들어낸 도구이고 절대적이지 않다는 점을 충분히 설명했다. 그러면 조금씩 얼굴이 밝아진다. 간단히 검사 결과만 이야기하기보다 개별 지표들이 보여 주는 성격의 장점과 단점을 설명해 주었다. 또 현재 스트레스가 어느 정도인지, 세부 지표들을 살펴볼 때 어느 영역에서 스트레스를 많이 받는지, 스트레스를 해결하는 방식으로 어떤 걸 선호하는지에 대해 자신을 이해할 수 있도록 구체적으로 설명해 주었더니 학생들이 적극적으로 의사표현을 하기 시작했다. 대부분 처음에는 긴장했다가 설명을 들으며 어느새 얼굴이 밝아지면서 점을 보는 것 같다며 신기해했다.

해석상담으로 만난 학생은 4~5명밖에 되지 않았는데, 재미있는 일이 벌어졌다. 상담을 하고 있는 사이에 신입생들이 무리를 지어 찾아와 자신도 상담을 받겠다며, 내가 없는 사이에 자발적으로 대기 리스트를 작성하고 간 것이었다. 책상 위에는 꼭 연락을 달라는 메모와 함께 20명이 넘는 학생들의 이름, 연락처가 놓여 있었다. 어떻게 된 일인가 알아보니 해석상담을 받은 학생들이 학과 친구들과 기숙사 친구들에게 입소문을 퍼뜨린 것이었다. 그 결과 학생들이 너도 나도 예약을 하고 갔고, 그중에는 특별관리대상자인 아이들도 포함되어 있었다. 센터 내 선생님들은 학생들이 자발적으로 찾아온 건 처음이라며 기뻐하셨다.

어느 상담센터에서는 모든 걸 새롭게 만들어서 운영해야 했던 적이 있었다. 그러려면 그에 따른 예산과 인력이 확보되어야 하는데 그럴 수 없는 상황이어서, 연계해서 도입할 분야와 새롭게 기획해야 할 분야를 구분하였다. 당시 전문 인력은 나 혼자였다. 학생수에 비해 턱없이 일손이 부족했지만, 이를 보완하면서 학생들의 특성을 잘 활용하는 방법이 무엇일지 고심했다. 그 결과, 홈페이지에 온라인 심리검사와 사이버상담 기능을 넣기로 했다.

예산이 적어서 원하는 만큼 홈페이지를 멋지게 만들 순 없었지만, 수많은 홈페이지를 비교 분석하면서 내용을 간략하면서도 알차게 구성하고, 학생들이 온라인으로 손쉽게 자신의 진로준비상태를 확인할 수 있는 검사를 제작하여 결과를 바로 볼 수 있도록 시스템화하였다. 학생들의 진로결정수준과 진로장애요소를 파악할 수 있는 기존 검사를 보완하여 대상 학생들에게 맞는 진로준비도 검사를 새롭게 구성하였다. 여러 논문을 참고하여 진로준비단계를 나누고, 후속 조치를 취할 수 있도록 메일링 시스템을 도입하였다. 이를 통해 상담실에 오기를 꺼려 하던 학생들도 온라인 검사결과에 대해 자세한 설명을 듣고 장애요인을 해결하기 위해 상담실에 자발적으로 찾아오게 되었다.

그 외에도 기존에 개발된 프로그램 중 학생들에게 오랫동안 평이 좋았던 교육을 선정하여 비교 분석하기도 하고, 여러 업체에서 프로그램 제안서를 받기도 했다.

또한 노동부, 한국고용정보원, 워크넷, 커리어넷 등 정부에서 운영하는 공공기관에서 제공하는 서비스를 적극 활용하였다. 센터 내에 인력이 부족한 만큼 외부에서 연계할 만한 공공기관을 찾아 좋은 프로그램을 유치하거나 학생들이 자체적으로 관리할 수 있도록 세팅했다. 그러다 보니 처음에는 프로그램을 도입하고 운영하는 데 에너지가 많이 들었지만, 한 번 세팅하고 난 후에는 알아서 운영되었다.

여유가 생기자 내가 시도해 보고 싶었던 상담 프로그램들을 개발하는 데 시간을 투자할 수 있었다.

근무했던 어느 학교에서는 자연과학계열 여학생들의 낮은 취업률을 가장 큰 문제로 꼽고 있었다. 연구직이나 영업직을 선호하는 경우가 아니면 여학생들은 전공을 살려 갈 수 있는 직업이 적은 편이었다. 학생들은 졸업이 가까워질수록 불안해했지만 막상 구체적인 준비는 하지 않았고 정 안되면 시집가겠다는 막연한 생각만

하고 있는 학생들이 많았다.

그 모습을 보며 여학생들이 소녀에서 벗어나 자신의 인생을 책임지는 성인이 될 수 있도록 하는 여대생 진로상담 프로그램을 기획하고 싶었다. 학생들이 자기를 계발한다는 이미지로 산뜻하게 접근할 수 있는 방법을 연구하던 중 코칭이 눈에 들어왔다. 외국에서는 상담자가 코칭과 상담을 병행해서 진행할 정도로 어느 정도 활성화가 되어 있지만, 국내는 코칭이 도입된 지 얼마 안 된 시점이었다. 관련 도서도 구하기 어려웠고 일부 기업 경영인을 대상으로 서비스가 실시되고 있는 정도였다. 먼저 가장 신뢰할 수 있는 코칭기관을 찾아가 교육을 받으면서 관련 서적을 공부하고 대학생들에게 맞게 프로그램을 개발하였다.

진행하기 전까지 워크시트부터 준비한 교육 자료들을 끊임없이 점검하고 수정했지만, 막상 진행할 때는 긴장되고 떨리는 마음을 진정시키기 위해 중간 중간 남몰래 심호흡을 해 가며 프로그램을 진행했다. 다행히도 참여자들에게 좋은 평가를 받을 수 있었다.

처음에 상담 프로그램을 개발할 때는 예산이 없어서 자비로 자료를 구입해서 봐야 했고 워크시트부터 강의 자료까지 일일이 혼자서 다 만들어야 했지만, 시도해 볼 수 있다는 것만으로도 하루하루가 설레었다. 학생들에게 실제적인 도움을 줄 수 있는 프로그램을 만들고, 간절한 바람대로 좋은 평가도 받았을 때의 성취감은 그동안의 고생을 충분히 보상하고도 남았다.

최선을 다해서 일하면 스스로에게 만족감을 느끼게 된다. 또, 직접 뛰어들어 부딪히면서 배운 것은 시간이 지나도 없어지지 않으며, 이 분야에서 일해 나가는 데 아주 강력한 무기가 된다.

자살 비상경보
작동

학교에서 학생이 자살했다. 그것도 내 사무공간에서 얼마 떨어지지 않은 건물에서 출근하기 바로 10분 전에.

내가 조금만 일찍 출근했다면 나도 목격했겠다는 생각이 들자 온몸에 소름이 돋았다. 그리고 내가 상담했던 것도 아니고 한 번도 본 적 없는 학생이지만 이 사건을 막지 못했다는 죄책감이 나를 엄습했다. 이성적으로는 내 잘못이 아니라는 걸 알지만, 학생들의 상담을 맡고 있기 때문에 이 일이 자꾸만 내 책임 같고 내가 어떻게든 막았어야 했다는 자책감에 몹시 괴로웠다.

하지만 다른 이들처럼 충격에 휩싸여 넋을 잃고 있을 수가 없었다. 남아 있는 학생들을 전문적으로 돌보는 일이 무엇보다 시급했고 이 작업은 어느 누구도 대신해 줄 수 없기 때문이다. 서둘러 내 마음을 추슬렀다. 이 사건으로 인해 충격을 받은 주변 학생들의 또다른 자살 시도가 일어나지 않도록 그리고 일상생활이 무너지지 않도록 신속하게 자살 사후 개입을 시작했다.

또래상담자들과 긴밀하게 연계하여 사건 당일 고위험군(전문적인 개입이 시급히 필요한 위기 케이스) 스크리닝을 신속하게 진행할 수 있었다. 시체를 목격했거나 자살한 학생과 친밀하게 지내 정신적 충격이 심각한 학생들, 평소 우울이나 불안 등 정서적으로 불안정하여 치명적인 영향을 받을 수 있는 학생들을 먼저 파악했다. 평소 동조 교들과 연계가 잘되어 있던 터라 사건 당일에 1차 리스트가 만들어졌다. 자살 사건은 사건 발생일로부터 1주일이 가장 중요한 만큼 신속하게 개입하여 상담을 진행해야 하는데, 또래상담자들 덕분에 효과적으로 이루어졌다. 해당 학생들에게 개별적으로 위기 상담을 제공하는 한편, 트라우마로 인해 나타나는 신체적, 정서적 변화 증상들과 프로세스를 설명하고 스트레스를 감소시키기 위해 혼자서 할 수 있는 기법들을 알려주는 교육을 진행했다. 정확한 정보를 제공하는 것만으로도 많은 수의 학생들이 빠르게 진정되며 대부분은 짧게는 3일에서 길게는 한 달 정도면 이전 상태로 회복된다.

당시에는 괜찮다고 거부했다가 이후에 상담을 신청하는 학생들도 있었다. 자살은 파급효과가 크기 때문에 상담자들도 자살 사후 개입 교육을 미리 받으면 사건이 일어났을 때 효과적으로 대응할 수 있다. 상담자가 프로세스를 모를 경우, 많은 것을 놓칠 수 있으며 학생들이 제대로 보호를 받지 못할 수 있다. 또한, 엄청난 에너지가 소모되는 작업인 데다 정서적 스트레스가 심각하므로 한 명의 상담자가 모든 것을 감당해서는 안 되며 여러 명의 상담자가 함께 진행하되 수퍼바이저 혹은 동료가 서로의 상태를 점검하고 지지해 줄 수 있는 시스템이 병행되어야 한다. 상담자 혼자서 감당할 경우 정서적 소진이 심각할 수 있으므로 적절한 쉼이 필요하다.

하지만 현장에서는 이런 이상적인 시스템을 갖추기가 어렵다. 나 또한 워낙 심각한 상황이어서 내 상태를 돌볼 시간이 전혀 없었다. 위기 상태의 학생들을 위해 트라우마 상담을 진행하고, 교육을 실시하고, 중요한 정보를 담은 안내지를 만들어서 배포했다. 한 달이 지날 무렵 드디어 학생들이 안정을 찾기 시작했다. 전체적으로 안정되고 있음을 피부로 느낀 순간, 그동안 홀로 감당하느라 꾹꾹 눌러 왔던 힘겨움이 온몸을 휘감았다. 심한 몸살에 걸려 주말 내내 끙끙 앓은 데다 목소리조차 제대로 나오질 않았다. 하지만 상담을 기다리고 있는 일반 학생들과 어느 정도 안정은 되었지만 당분간 상담이 필요한 위기 학생들이 있어서 병가도 낼 수 없었다. 더구나 기숙사 전체가 불안과 두려움으로 휩싸여서 학생들뿐만 아니라 동조교들마저 혼란스러워했다. 학생들이 조금이라도 이상한 행동을 보이면 불안해서 상담센터로 전화하거나 더 이상 학생들을 관리하는 게 두렵다며 우는 동조교들을 보며 내가 약해지면 안 되겠다며 마음을 다잡았다.

지금 생각해 보면 그 시간은 무슨 열병을 앓듯 순식간에 지나간 것 같다. 당시엔 어떻게든 막지 못했다는 자책감, 내가 있는 공간에서 일어났다는 충격과 무서움을 어디 토로하지도 못하고 억누르고 있었다.

감사하게도 위기 학생들도 상담을 받으면서 빠르게 진정되어 갔다. 가장 심각했던 학생도 처음에는 휴학하려 했지만, 2~3달 동안 상담을 받으면서 원하던 학업 목표를 이뤄냈다. 그 시간들을 온몸으로 받아내면서 많이 아팠지만, 무엇보다 학생들이 회복되는 모습을 볼 수 있어서 감사했다. 그리고 급히 자문을 구할 때 흔쾌히 조언해 주고 점검할 학생들이 많을 때 함께 맡아서 상담해 준 선생님들 덕분에 상담자로서 겪을 수 있는 가장 고통스러운 시간을 잘 견뎌 낼 수 있었다. 이런 시간을 견뎌 내면서 생각보다 내가 위기 상황에서 침착하고 강하다는 것을 알게 되었다. 다시는 그런 상황에 놓이지 않길 원하지만, 언젠가 또 이런 일을 겪게 된다면 나를 믿고 이전보다 더 침착하고 넉넉하게 학생들을 품을 수 있을 것이다.

상담센터,
설계부터 운영까지

기숙사에서 자꾸 여러 문제가 일어나자, 학교에서는 이를 방지하기 위한 방법의 일환으로 상담센터를 새롭게 만들기로 했다. 인테리어가 끝나 갈 무렵 학생과 직원들에게 '센터명 공모전'을 열었고 그 결과 센터는 '관심'이라는 이름을 갖게 되었다.

그 전까지 임시로 배정받은 상담실은 창고처럼 아무도 쓰지 않는 작은 방 하나였는데, 학생들이 어쩌다 한 번 지나가는 구석 통로에 자리 잡은 죽은 공간이었다. 공간이 좁아서 일대일 상담이나 심리검사 이외에 집단상담이나 교육은 꿈도 꿀 수 없었다. 설상가상으로 딱 하나 있는 의자조차 받침대가 부러져서 장시간 앉아 있기 불편했다.

상담은 사람이 하는 작업이지만, 공간이 주는 이로움을 무시할 수 없다. 아늑하면서도 깔끔한 분위기는 상담을 받으려고 처음 들어서는 사람들의 거부감을 덜어줄 수 있고, 여러 명이 활동할 수 있는 넓은 공간은 다양한 프로그램을 진행할 수 있는 기회를 마련해 준다.

상담 경력이 쌓일수록 공간이 주는 이점과 단점을 더 명확하게 알게 되어 그것을 전부 반영하고 싶었지만, 새롭게 설계하는 것이 아닌 이상 한계가 많았다. 나중에 내가 센터를 열면 그때나 가능하겠다 싶었는데, 한 번도 아니고 두 번이나 상담센터를 설계하는 일부터 운영까지 맡게 될 줄은 몰랐다.

캠퍼스 안에서 상담센터를 만들기 위해 장소 선정부터 인테리어 설계 및 공사까지 대략 6개월에 걸친 대대적인 작업 끝에 학교에서 가장 아름다운 상담센터가 완성되었다. 입구에 들어서자마자 보이는 한 면이 전부 유리창으로 설계되어 창문 한가득 초록빛 나뭇잎들이 햇살에 반짝였다. 실내에는 따사로운 햇살에 어울리는 은은한 조명이 비추고 세련된 디자인의 테이블과 의자, 원두로 내린 고소한 커피 향, 잔잔히 흐르는 음악과 벽면 가득 채운 심리 서적들이 보였다. 언뜻 봐서는 이곳이 카페인지 상담센터인지 구분하기가 어려웠다.

센터에 들어서서 처음 접하는 공간이 대기실인 만큼 가장 공들여 설계했는데, 학생들뿐 아니라 직원들도 가장 선호하는 공간이 되었다. 학교 예산으로 상담센터를 준공하기까지 관련 교수님들과 직원들을 찾아다니며 설득하고 회의 자료를 만들어 보고했다. 상담이 어떤 것인지, 상담센터 배치 및 구성을 어떻게 해야 하는지, 인테리어와 방음이 왜 중요한지 매번 반복되는 설명과 조율이 필요했다. 만나야 하는 직원들도 많았고, 설계 문외한이 명절연휴까지 반납하며 인테리어 업체와 함께 도면을 수정했다. 열정을 쏟은 끝에 한정된 예산으로 최고의 결과물을 얻을 수 있었다.

결정권자가 워낙 많다 보니 의견을 하나로 모으기까지, 장소 선정부터 공간 배정까지, 단계 단계마다 수차례 도면 수정 작업이 이루어졌다. 그때마다 공사 담당자도 아닌데 매번 브리핑을 하고 관리자들의 서로 다른 요청사항을 반영하여 추가하다 보니 거의 100페이지에 달하는 센터 운영 제안서를 작성하게 되었다. 물론, 내가 주도적으로 일하지 않아도 됐지만 하루라도 빨리 센터를 찾아오는 학생들뿐 아니라 직원들 마음에도 드는 공간을 만들고 싶었다.

공사 이후, 이전의 창고 같은 상담실을 기억하는 학생들은 엄청난 변신에 감탄을 금하지 못했다. 공간 크기도 작은 방 하나에서 개인상담실 2개, 집단상담 및 회의실 1개, 접수실, 상담조교실과 상담전문위원의 사무 공간으로 확대되었다. 센터가 안정되어 갈 무렵엔 타 대학 직원들이 찾아와 센터 설계와 운영에 관해 자문을 구할 정도였다.

필요한 심리검사 및 도구들도 다양하게 구비하였고, 공간이 주어진 만큼 인턴과 상담조교의 상담 실력을 향상시키기 위한 교육도 더욱 활발하게 이루어졌다. 또한 인턴들과 상담 조교들이 스스로 기획하고 성취하는 기쁨을 맛볼 수 있도록 격려했다. 혼자 할 때보다 손은 많이 갔지만 훨씬 다채로운 프로그램이 운영되었고 센터를 찾는 학생들이 더 좋은 서비스를 받을 수 있었다.

Q... 상담자의 초봉은 얼마인가요?

A... 초봉은 민감하면서도 애매한 부분입니다. 우선 기관마다, 또 계약 조건에 따라 다릅니다. 하지만 한 가지 분명한 건 석사 학위를 소지하고 있음에도 불구하고 다른 전공의 석사들에 비해 초봉이 낮다는 점입니다. 연봉도 그리 크게 오르지 않습니다. 취업하고 몇 년이 지나고 학부 졸업한 동기들은 벌써 회사에서 직급이 올라 연봉이 꽤 많은데, 대학원까지 마쳤음에도 그보다 더 적은 금액을 받아서 상대적인 박탈감을 느끼기도 합니다. 보통은 대략 월급 2~300만 원선에서 시작하지만, 이것도 자격증 유무나 기관 내 규정에 따라 달라집니다.

프리랜서로 병원이나 사회복지관이나 사설 상담기관에서 상담을 하는 경우 케이스 수에 따라 그때그때 급여가 다르기 때문에 능력에 따라 몇백만 원을 받을 수도 있지만, 반대로 백만 원도 못 받을 수도 있죠.

처음 몇 년은 임금도 적고 직장에서 할 일도 많은데, 수퍼비전도 받아야 하고 공부도 끊임없이 해야 하니, 돈도 많이 들고 이 길이 버겁게 느껴질 수 있습니다.

하지만 전문가 자격증을 취득하고 경력이 쌓이면 갈 수 있는 일자리가 많은 데다 책임자급의 관리직으로 들어가면 연봉도 제법 오르게 됩니다. 또한, 직장 이외에 강의나 교육을 병행해서 할 수 있기 때문에 부수입이 많아지기도 합니다. 개인적으로 상담실을 운영하는 경우에는 능력에 따라 고소득을 낼 수 있으며, 정년이 따로 없기 때문에 기본적인 건강만 유지할 수 있다면 무리 없이 오랫동안 일할 수 있습니다. 개인 사정에 따라 얼마든지 풀타임이나 파트로 근무할 수 있기 때문에 경력이 단절되지 않고 융통성 있게 일할 수 있다는 장점도 있죠.

외국처럼 상담을 받는 비용이 보험에 청구가 된다면 경제적 부담이 적어지니 상담을 받으려는 사람도 많아져 상담자들의 첫 출발이 지금처럼 어렵진 않을 거예요. 하지만 아직은 과도기인 만큼 자신을 믿고 투자해 보는 게 어떨까요? 상담전문가는 투자한 만큼 어떤 형태로든 당신에게 보상을 가져다 줄 직업입니다.

5장

당신을 지지합니다

상담을 뒷받침하는
다양한 업무

그동안 여러 직장에서 근무했지만 가장 오랜 기간 근무한 곳은 한국청소년상담복지개발원이다. 보다 큰 기관에서 일을 체계적으로 배우고 싶어서 공채에 지원했다. 이곳은 청소년기본법에 근거하여 설립된 정부산하기관인 만큼 정권이 바뀔 때마다 관할 부처나 조직이 개편되어서 팀명과 기관명이 바뀌기도 한다. 지역마다 있는 청소년상담복지센터 총 240여 개(2023년 5월 기준)를 잘 운영될 수 있도록 상담 프로그램을 개발하고 교육하는 일을 한다. 또 다양한 사업을 기획하거나 관리하고 상담 통계를 내는 중앙기관이어서 행정 업무가 많다. 당시 이전 직장보다 급여가 줄어든 건 아쉬웠지만, 이를 상쇄하고도 남을 만큼 많은 일을 배우고 좋은 기회들을 얻었다.

대학 캠퍼스에서 정부산하기관으로 옮겨 근무하다 보니, 업무 프로세스도 복잡하고 문서 작성 방식도 달라서 익혀야 할 것들이 한두 가지가 아니었다. 직원도 많고, 여러 가지 업무들이 한꺼번에 진행되다 보니 처음에는 정신이 하나도 없었다. 안 그래도 행정 업무의 비중이 높은데 양식도 천차만별이라 혹여나 실수하지 않을까 잔뜩 긴장한 상태로 지내기도 하고, 그런 업무 자체가 상담과는 거리가 멀게만 느껴져서 재미도 없고 지치기만 했다. 하지만 정부 산하기관에서 일했다고 하면 '일을 잘하는 사람'이라는 인식이 있을 만큼 이곳에서만 할 수 있는 업무도 많았다.

이곳은 100여 명의 직원이 9개 팀과 2개의 센터에 소속되어 일하는 큰 기관이었다. 매년 조직이 개편되어 팀 이름이 바뀌기도 하고 인력도 재배치되었다. 덕분에 다른 부서 직원들과 협력하는 방법과 다양한 일의 스타일을 배울 수 있었다.

처음 배정 받은 곳은 대외협력팀이었다. 이곳에서의 업무는 매우 다양했다. 매년 사업 및 예산계획서 작성, 매주 업무보고 자료 작성, 포럼 세부 프로그램 및 운영방안기획, 기관 홍보물 제작, 상담 연구 영문보고서 제작, 전국우수상담자 및 기관 시상과 우수 직원 해외연수 대상자 선발 서류 심사를 위한 사전 문서 작업, 전국기관장회의 기획, 청소년박람회 부스 설치 및 운영, CYS-NET종합정보망(전국 청소년상담복지센터 실적) 통계자료 관리 및 보고 등…….

특히 전국 통계 실적은 국회의원, 정부기관 등 요청하는 곳이 많아서 그때그때 요구사항에 따라 통계 결과를 확인해서 보고서를 작성해야 하니 일이 많았다. 신입이다 보니 주 업무 이외에 소속 팀이나 실 차원에서 운영되는 혁신학습 동아리에서 매번 모임 때마다 회의록을 작성하고 예산을 집행하는 일도 해야 했다.

주 업무로 전국청소년상담포럼을 기획하고 진행하는 일을 맡게 되었다. 기관에서도 처음으로 시도해 보는 일이라 참고할 자료도 없고 신입이라 어설픈 점이 많은데, 담당자라서 일은 진행해야 하니, 새로운 직장에 적응하랴, 낯선 업무를 수행하랴, 정신없는 나날을 보냈다.

우선 상담 분야의 해외 연구 결과 중에서 실제적으로 현장에서 사용할 수 있는 상담 교육 콘텐츠가 무엇이 있을지 조사했다. 그 결과 포럼 주제는 폭력으로 정해졌고 '학교폭력, 성폭력, 자살' 3가지 테마로 세부 주제가 확정되었다. 그에 맞춰 각각의 주제에 맞는 강사를 초빙하는 일이 가장 어려웠다. 특히나 학교폭력에 대해 강의할 주 강사를 알아보고 섭외하는 과정은 막막하게만 느껴졌다. 어느 나라의 누구를 섭외해야 한국의 학교폭력에 실제적인 도움을 줄 수 있을까. 학교폭력이 가장 심각한 미국과 일본을 대상으로 계속 알아보던 중, 범죄 근절을 위해 국가적인 차원에서 진행했던 뉴욕의 대규모 프로젝트에 대해 알게 되었다.

그 프로젝트 중 학교폭력 예방 및 감소를 위한 일환으로, 학교와 학급 차원에서 다양한 개입이 이뤄지고 바로 응용이 가능한 여러 캠페인과 프로그램들을 실시하여 성공을 거두었다는 내용을 접했다. 그곳에 바로 메일을 보내 우리 기관을 소개하고 가슴 졸이며 연락을 기다렸다. 그리고 각 학교 상담자들의 수퍼바이저들을 총괄 감독하는 뉴욕시 교육부 소속의 주 수퍼바이저를 섭외할 수 있었다. 그분이 오겠다고 했을 때의 기쁨은 이루 말할 수가 없다. 물론 그 이후에는, 머무를 숙소를 마련하고 행사기간 동안 틈틈이 한국을 소개하고 관광할 일정을 짜고 예산도 배정하고 불편하지 않도록 수행할 수 있는 직원을 섭외하는 등 끊임없는 업무들이 기다리고 있었지만.

정부 예산으로 진행하는 만큼 정해진 예산 안에서 최대한의 효율을 가져올 수 있게 항목별로 분배하였다. 교육 장소로 비교적 저렴하면서도 시설이 좋은 호텔과 계약을 체결하고, 동시통역사를 섭외하고, 동시통역 부스 및 헤드폰을 설치하고, 개별 주제들에 맞는 강사 섭외와 일정 세팅에서부터 자료집 제작이나 직원들 포지션 배치까지, 행사가 임박해 올수록 정신없는 나날을 보냈다. 특히 당일에는 우리 팀뿐만 아니라 기관 전체 직원들이 눈썹을 휘날리며 교육 장소들을 뛰어다녔던 것 같다.

시와 도뿐만 아니라 시군구까지 전국에서 총 68기관 357명이 참석했고 행사는 성황리에 잘 마무리되었다. 강의를 들은 사람들도 실제적인 내용을 배울 수 있었다며 만족해했다.

프로젝트의 전체 과정을 진행하면서 나의 부족한 점을 메우고 이끌어 준 상사들과 동료들의 고마움을 톡톡히 느꼈다. 그분들 덕분에 불가능해 보였던 일이 마지막까지 잘 진행될 수 있었다.

보고서 작성이
업무의 기본

정부부처와 함께 일한다는 건 그만큼 신중해야 하고 책임감을 가져야 하는 일이다. 여러 설문결과와 리서치결과를 정리한 데이터와 보고서를 기반으로 한 해 동안 국민세금을 투자할 연구 주제가 정해지기도 하고, 여러 센터에서 제출한 증빙자료를 정리한 보고서를 기반으로 장관상이 결정되기도 하는 것을 보면서 꼼꼼하게 문서를 정리하는 작업이 얼마나 중요한지 깨닫게 되었다.

상담을 잘해서 내담자의 문제가 해결되고 그들의 삶이 회복되는 것도 중요하지만, 문제영역에 맞게 상담 내용을 기록하고 전국 청소년상담센터에서 입력되는 상담 실적을 정확하게 통계 내는 작업도 중요하다. 전국 상담의 통계 결과에 따라 한국 청소년들의 문제 영역과 개입 방식을 알 수 있고 그 자료를 바탕으로 연구와 정책 방향이 결정될 수 있으므로, 업무 하나하나를 소홀히 할 수 없었다.

또 이곳에서는 정부 정책에 따라 기관경영평가를 실시했다. 매년 팀별로는 기관실적보고서, 개인별로는 KPI관리보고서를 썼고 그 결과에 따라 인센티브가 주어졌다. 문서상으로 자신의 업무를 효과적으로 서술하기 위해 고심하며 수차례 내용을 고치기도 했다.

처음에는 매년, 분기별 혹은 수시로 요청되는 갖가지 보고서를 작성하는 일이 무척 번거로웠다. 정신없이 바쁘게 진행되는 프로젝트를 차질 없이 수행하고 예산을 집행하는 것만으로도 충분히 벅찬데 거기다 수시로 보고 자료까지 만들어야 한다니, 일만 자꾸 늘어나는 것 같았고 대체 누구를 위한 보고인가 하는 회의가 밀려오기도 했다.

프로젝트 성격과 요구하는 대상의 특성에 따라 보고서를 각기 다르게 작성해야 하기 때문에 양식을 익히는 것만으로도 벅찰 수 있다. 나도 처음에는 보고서 작성이 서툴러 내가 진행한 행사 결과 보고서를 쓰지 못해 다른 분이 맡아서 한 적도 있다. 하지만 서툴더라도 꾸준히 작성하다 보면 보고서에 따라 어떤 것은 그날 간략하게, 어떤 것은 미리 필요한 자료들을 챙겨 두었다가 집중해서 써야 할지 조절할 수 있다. 또한, 자연스레 어떤 부분이 부각되는 게 중요한지, 어떤 방식으로 서술하거나 정리해야 상대를 효과적으로 설득할 수 있는지도 배우게 된다.

아무리 중요하다고 해도 행정 업무를 하다 보면, 누군가 지켜보는 것도 아니고 열심히 한다고 수당이 더 지급되는 것도 아니기에, 가끔은 일한 양에 비해 상대적으로 박탈감을 느낄 수도 있고 대충하고 싶을 수도 있다.

'난 상담만 할 건데, 상담 실력을 쌓는 게 중요하지 이런 업무를 굳이 잘할 필요가 있나' 하는 의구심이 들기도 한다. 하지만 나이가

들어 비중 있는 직책에 오를수록 상담 능력뿐만 아니라 기관을 운영하고 적절하게 홍보하며 대외적으로 중재하는 역할이 요구된다.

상담만 하다 막상 관리직에 오르면 요구되는 업무들을 전체적으로 파악하지 못해 관리감독이 어렵다. 내가 하고 있는 상담과 프로젝트들이 전체 그림에서 어떻게 운영되고 연결되는지 조망할 수 있게 되면 훨씬 효율적으로 일을 처리할 수 있을 뿐만 아니라 단기간에 성과가 나오지 않더라도 더 잘 버텨 낼 수 있다.

이런 행정 업무의 중요성을 학교에서 배우지 않다 보니 사회 초년생들은 막상 현장에서 가장 자주 접하고 맡게 되는 행정 업무를 낯설어하는 데다 하찮게 여기기도 한다. 교육팀에서 일할 때, 직무연수와 전문연수, 교사연수까지 진행하다 보니 워낙 대규모 교육이 많아서 몇 개월에서 1년 동안 연수 업무를 도와줄 계약직을 자주 채용했다. 대부분 상담 석사 과정을 준비하면서 일을 배우려고 들어온 학부 졸업생이었고, 연구팀에 있을 때는 석사 과정생이나 졸업생, 박사 과정에 재학 중인 학생들을 연구보조원으로 채용했다. 다들 상담기관에서 처음 근무하다 보니 업무 내용이 평소 상담 분야에 대해 갖고 있던 환상과 다르다는 것에 힘들어했다.

처음 일을 줄 때는 업무 능력이 어느 정도 되는지 알 수 없기 때문에 쉽고 간단한 보조 업무부터 시킨다. 요청한 업무를 성실하게 잘 수행하다 보면, 점점 신뢰가 생겨서 더 중요한 업무도 맡기고 일도 더 잘 가르쳐 준다.

내가 얼마나 해낼 수 있는지 또 잘하는지는, 내가 판단하는 게 아니라 나와 함께 일하는 사람들이 평가하는 것이므로 그들이 나를 인정하고 일을 맡겨 줄 때까지 내가 맡은 일을 성실히 해내는 것이 최선이다.

나 역시 흔히 사람들이 중요하다고 말하는 라인이 있는 것도 아니고, 세련되고 분명하게 자신을 PR하는 훈련도 되어 있지 않다. 큰 기관에서 일하는 건 처음이라 하루아침에 나를 바꿀 수도 없었다. 다만 내가 할 수 있는 일은 누가 알아주든지 알아주지 않든지 묵묵히 내가 맡은 업무에 최선을 다하는 것이었다.

일 년마다 새로운 부서로 이동해서 낯선 업무를 익히고 새로운 팀원들과 관계를 맺고 익숙해져야 하는 과정이 버거웠다. 매번 내가 원하는 팀에 배정이 되어 기쁘기도 했지만 1년이 지나 익숙해지고 편해질 만하면 또 다른 팀에서 기초부터 다시 배워서 연말까지 성과를 내야 하니 엄청난 에너지가 소모되었다. 하지만 그 덕분에 많은 분야에서 좋은 지식과 기술을 배웠고 여러 팀장님들과 일하면서 다양한 리더십을 경험할 수 있었다. 이런 경험은 나중에 혼자서 센터를 운영하게 됐을 때 막강한 자원이 되었다.

연구로 현장을
서포트하다

ADHD 아동과 부모 상담 프로그램을 개발하면서 있었던 일이다. 연구의 필요성 및 방향을 잡기 위해 ADHD 아동을 키우고 있는 부모들을 대상으로 인터뷰를 했다. 평소 관심을 갖지 않던 분야여서 수요조사를 위해 인터뷰를 진행할 때만 해도 별 흥미를 갖지 못했다. 그러나 돈이 없는 사람들을 위한 무료 프로그램을 만들어 달라며 울면서 부탁하는 분들을 만나고는 마음이 완전히 바뀌었다. 그분들의 눈물이 오랫동안 마음에 각인되어 중간 중간 큰 어려움들이 생겼을 때도 포기하지 않고 계속 해 나갈 수 있도록 나를 끝까지 붙잡아 주었다. 돈이 없어 병원에 가지 못하는 분들의 아픔을 조금이라도 어루만져 줄 수 있는 프로그램이 개발되길 간절히 바라며 최선을 다했다.

연구를 진행해 가면서 현장에서 쓸 수 있는 유용한 상담 프로그램을 만드는 작업은 굉장히 가치 있는 일이라는 것을 깨달았다. 연구를 진행하면서 많은 자료를 검토하고, 증상뿐만 아니라 치료법에 대해서도 깊이 있게 알게 되자 실제로 상담을 할 때도 많은 도움이 되었다.

가출 청소년을 위한 초기사정(스크리닝) 매뉴얼을 개발하는 연구도 진행했다. 청소년쉼터에서 일하면서, 첫 만남에서 아이들의 상태를 정확하게 스크리닝 하는 방법에 대해 연구하고 싶다고 바랐는데 그 기회가 이렇게 주어진 것이다. 내게는 현장에서 일한 경험과 그때의 인맥이 큰 힘이 되었다.

현장에 기반을 두는 연구를 진행할 때는 아무리 좋은 의도를 가지고 있다 하더라도 해당 분야에 계신 분들의 적극적인 협조가 없으면 성사되기 어렵다. 상담심리학 분야의 연구는 사람의 마음에 관한 것이기에 무엇보다 사람에 대한 존중과 신뢰가 먼저이다. 특히, 특수 분야인 탈북 청소년과 가출 청소년에 대한 연구는 개인정보 보호와 여러 사정으로 인해 접근이 제한되어 있고, 만남 자체가 성사되기도 어렵다. 그동안 여러 기관에서 당사자들을 먼저 이해하기보다는 연구자의 목적을 우선시하여 프로젝트를 진행한 후유증으로 관련 기관들은 비협조적이었다. 새롭게 관계를 형성하고 신뢰를 얻는 것이 중요했다. 다행히 예전에 함께 일했던 선생님들이 여전히 현장에서 일하고 계셨고, 나도 아이들과 직원들의 입장을 잘 아는 터라 연구진과 조율하며 한국청소년쉼터협의회와 함께 마음을 모아 연구를 진행하였다.

전국에서 가장 잘 운영되는 기관들을 직접 방문해서 운영 실태와 실시하고 있는 초기사정 절차를 점검한 후 현장의 필요를 파악했다. 지역에 따라 예산 부족으로 비전공자가 일하는 곳들이 많아서 누구든 손쉽게 사용하면서도 일관되게 실시할 수 있는 초기사

정도구(스크리닝 도구)를 만드는 데 초점을 맞추었다. 연구로만 그치는 것이 아니라 현장에서 쓸모 있고 잘 활용될 수 있는 도구를 만들자는 데 연구진의 마음이 모아졌다.

전국을 균등하게 분할하여 3차례의 포커스 그룹 인터뷰를 진행했다. 1회당 5~8군데의 기관 직원들이 모여야 해서 기관 선정부터 일정을 조율하는 것까지 사전 작업량이 어마어마했다. 인터뷰 허락을 받기 위해 협회의 협조를 구하고 기관장을 비롯해 기관 직원들에게까지 한 기관당 많게는 열 번 이상 전화하기도 했다. 연구 의도를 설명하고, 필요하면 먼 지방까지 내려가서 찾아뵙고 다시 설명을 드리면서 신뢰를 쌓는 과정이 그 어떤 연구보다 오래 걸렸다. 하지만 그분들이 마음을 열고 적극적으로 협조해 주어 총 12개 기관의 직원 및 청소년 백여 명이 참여했다. 덕분에 가출 청소년들에게 초기사정도구를 여러 차례 실시하며 데이터를 모으고 평가하는 까다롭고 복잡한 절차를 무사히 수행하고 연구를 완성할 수 있었다. 연구보고서를 작성한 후 공동연구를 진행한 교수님이 학회지에 논문을 내자 여러 차례 제안하셨다. 하지만 여러 프로젝트를 동시에 진행하면서 지친 상태라 논문 작업을 시작할 엄두가 나지 않았다.

연구를 하지 않더라도 현장을 잘 이해하고 효과적인 상담을 진행하기 위해서는 꾸준히 관련 논문을 읽고 공부하는 과정이 필요하다. 논문에는 연구자들이 긴긴 시간 사유하며 관련 이론과 방법들을 체계적이고 논리적으로 정리한 그들만의 관점이 담겨있어서 유용하다. 특히나 현장에서 꾸준히 상담하면서 이론적으로도 접목한 논문들을 접할 때면 경외감마저 들기도 한다. 연구를 병행해서 수행한다는 게 얼마나 복잡하고 수고로운지 알수록 더더욱 그들이 존경스럽다.

연구를 하면서 주제 선정, 자료 조사, 프로그램 구성 및 개발, 시범 운영 및 평가, 연구심의, 보고서 작성 등 하나의 연구가 정부 예산을 받아 전국에 배포되기까지 거치는 전체 프로세스를 익힐 수 있었다. 무엇보다 예전부터 꿈꾸었던 연구, 현장에 뿌리를 둔 연구를 진행하면서 팀장님과 선생님들의 탁월한 노하우를 배울 수 있었던 점은 지금 생각해도 큰 행운이다.

인터넷 강국의
사이버상담

거리를 걷다 보면 골목골목 PC방이 있고 집에서도 누구나 인터넷을 할 수 있다. 요즘은 누구나 스마트폰을 가지고 있어서 굳이 컴퓨터를 켜지 않아도 언제 어디서든 얼마든지 인터넷을 할 수 있게 되었다. 그러다 보니 네트워크 마케팅이 활성화되고 SNS를 통해 관계를 형성하고 수시로 일상을 공유하고 있다. 오프라인보다 온라인에서 관계를 형성하는 게 익숙한 시대가 되었다. 이러한 변화는 상담 분야에서도 일어나고 있다. 직접 만나는 대면상담이 부담스럽거나 문제영역이 지극히 사적이어서 차마 얼굴을 마주 보고 이야기할 용기가 나지 않을 때 전화상담을 자주 이용했듯이, 요즘은 사이버상담을 이용하는 사람들이 늘고 있다. 부모님들이 전화상담을 자주 이용하는 반면, 아동청소년들은 목소리가 노출되지 않고 언제 어디서든 접속이 가능한 사이버상담을 선호하는 편이다.

하지만 상담자들은 대부분 학교에서 사이버상담을 배운 적이 없다. 사이버상담을 계기로 해결되는 문제들도 많지만 여전히 사이버상담은 매체상담 중 하나로, 대면상담을 위한 도구로만 인식되고 있기 때문이다. 현재는 문자, 채팅, 전화로 상담을 제공하는 곳이 많아져서 사이버상담에 관한 훈련이 보편적으로 이뤄질 필요가 있다.

코로나19 이후 비대면 상담이 활성화되면서 강의와 교육이 대부분 비대면으로 진행되고 상담도 첫만남부터 종결까지 비대면으로 진행하는 케이스가 꽤 있다.

비대면 상담은 직접 만나지 않지만 대면 상담과 동일하게 얼굴을 볼 수 있고 50분으로 진행된다. 반면 전화, 채팅이나 문자, 게시판, 이메일로만 진행하는 경우에는 대면 상담과 진행 방식이 다르기 때문에 영역별 특징과 장단점을 명확하게 인지하고 훈련받을 필요가 있다.

한국청소년상담복지개발원에서 일하면서 사이버상담을 접하게 되었다. 당시 상담팀에서는 자살위기 청소년을 위한 사이버상담 프로그램 개발 연구와 사이버상담센터의 설립 예산을 얻기 위한 프로젝트를 동시에 진행하고 있었다. 이러한 공통 업무 외에도 개인별로 주 업무가 배정되는데 전국 사이버상담 사례 관리와 위기개입을 맡게 되었다. 야간 사이버상담자와 주간 사이버상담자의 상담 내용을 살펴보며 수퍼비전과 교육을 하는 업무였다.

나도 이 업무를 맡기 전까지는 상담을 받으러 오도록 유인하는 하나의 방법이지, 사이버상담 자체가 상담의 효과를 낼 수는 없을 것이라 생각했다. 상대방이 눈에 보이지도 않고 익명성이 보장된 만큼 얼마나 지속적으로 상담이 가능할지 알 수 없는 데다 비언어적 메시지를 파악할 수가 없으니 의사소통에 한계가 많았기 때문이다. 그런 상태에서 사이버상담을 맡아 진행하려니 채팅상담과 게시판상담에 어떻게 접근해야 하는지 처음에는 머릿속에 물음표만 가득했었다. 업무를 맡은 만큼, 한번 제대로 해 보자는 생각으로 전국에서 올라오는 사례들을 읽고 또 읽으며 매일 아침 위기 사례들을 선별하며 대응 방법들을 찾기 위해 다양한 연구 자료를 참고하여 프로젝트를 진행했다.

우선 사이버상담자들을 격려하며 다양한 시도를 해 보았다. 대면상담과 비슷한 형태로 사이버상담에서도 주 1회 상담 일정을 잡아서 가장 길게는 1분기 이상 상담을 진행하기도 했다. 또 사이버상담은 한 명의 내담자를 여러 명의 상담자가 상담을 하는 경우가 많아서, 처음으로 공개사례발표를 시도하여 한 내담자에 대한 여러 상담자들의 시각을 함께 공유하며 입체적으로 사례를 파악하기도 하였다. 상담자에 따라 내담자가 다르게 반응하였으나 함께 모여서 정보를 공유하다 보니 내담자의 일부분만 보고 있던 시각들이 하나로 통합되었다.

또한, 사이버상담을 효과적으로 진행할 수 있는 방법을 연구해 나가면서 현장의 고민을 깊이 있고 체계적으로 담아낼 수 있었다. 국내외에서도 연구가 거의 안 된 낯선 분야라 기존의 상담 이론들과 방법들 중 활용할 수 있는 걸 찾고 새로운 틀을 만들어내는 게 무척이나 힘들었다. 하지만 현장의 필요가 절실한 데다 함께 연구하면서 연구진들의 서로 다른 시각들이 자극을 주고받아서 연구

자체는 아주 재미있게 진행되었다.

낯선 분야인 만큼, 위기 사례를 관리하고 사이버상담자를 교육하면서 내가 잘하고 있는지 확인할 수 있는 길은 많지 않았다. 갈팡질팡하고 있을 때 내담자들의 상태가 호전되고 사이버상담자들의 실력이 향상되자, 이전보다 확신을 가지고 진행할 수 있었다.

대면상담보다 지치기 쉬운 만큼 사이버상담자들이 소진되지 않도록 신경을 썼다. 여러 차례 교육을 실시하고 한 사례에 많게는 5~6차례 피드백을 주면서 사이버상담 실력을 키워 갔다. 사이버상담을 어려워하는 상담자들을 격려하면서 사이버공간에서 내담자를 파악할 수 있다면 대면상담이 한결 수월할 거라고 말한 적이 있다. 이 말은 한 해를 마무리 지으면서 사이버상담자들의 고백으로 증명되었다. 열심히 함께 뛰어 준 이들이 너무도 고마웠고 현장에 기반을 둔 연구를 진행할 수 있어서 감사했다. 모두가 피땀 흘려 노력한 덕분에 사이버상담이 정부로부터 그 중요성을 인정받을 수 있었다. 후속 작업을 통해 예산도 지원받았고 그 예산으로 우리나라 최초로 24시간 365일 사이버상담 서비스를 제공하는 청소년사이버상담센터가 설립되었다.

"언제부터였는지 기억이 나지 않아요. 그냥 다른 사람들과 부딪히고 마주보는 게 힘들어서 집에서 혼자 지내다 보니…… '야동(음란물)'만 보게 돼요. 그렇게 오랫동안 혼자 영상만 보고 지내서인지 점점 현실감각이 떨어지는 거 같아요. 제가 상상한 게 현실이라고 믿게 되고 그러다 어느 순간 정신을 차리면 몰려오는 그 자괴감……, 정말 미칠 것 같아요."

글 내용만으로도 심각한 상황이며 전문적인 치료가 절실한 상태라는 것을 알 수 있었다. 사이비상담자가 상담실에 오라고 했지만 집밖에 나가는 건 힘들다며 거절했다. 학교도 그만두었고 가족과도 소통이 끊겨서 홀로 고립된 상태였지만, 그럼에도 놓지 않고 있는 세상과의 유일한 통로가 바로 인터넷이었다.

내담자의 상태를 정확하게 점검하기 위해서는 얼굴을 마주하는 대면상담이 필요했다. 그러나 내담자가 상담실에 오지 않는다고 해서, 사이버공간이 갖는 제한점 때문에 상담을 그만둘 수는 없었다. 얼굴도 볼 수 없고 음성도 들을 수 없으니 오직 문자를 통해서만 내담자의 마음과 느낌, 생각을 알아차려야 했지만 심각한 상태인 만큼 사이버상담이라도 일단 시작해 보기로 했다.

대면상담은 정해진 시간에 정기적으로 만나서 진행되므로 초기에 내담자의 문제 분석에 필요한 정보들을 대화와 비언어적 메시지를 통해 얻을 수 있고, 이를 통해 비교적 정확하게 치료 방향을 세울 수 있다. 그러나 사이버상담은 대부분 한두 번의 단기상담으로 진행된다. 일방적으로 글을 써내려 가는 게시판이나 채팅으로는 서로의 마음을, 아니 감정조차 제대로 전달하기 어렵다. 상대가 누구인지 알 수 없기 때문에 상담자도 내담자도 서로에 대한 신뢰를 형성하기는 더더욱 힘들다. 읽는 이에 따라 글은 얼마든지 다르게 느껴질 수 있기 때문에 오해의 소지가 많고, 상대가 보이지 않는 상태에서 글을 쓰다 보니 주 호소문제와 관련이 없는 글들로 페이지가 가득 채워질 때도 있다. 대면상담이었으면 몇 분이면 충분히 얻을 수 있는 대답을, 사이버상담에서는 여러 번의 글이 오가고서야 겨우 답을 얻는 일이 다반사다.

이러한 어려움 속에서 상담자는 보다 정확하게 글을 쓰고 공감적 반응을 전달하기 위해 한 자 한 자 살펴보면서 여러 차례 답글을 수정한다. 채팅에서는 비교적 빠르게 대답하되 상담 목표에 맞추어 대화가 한 방향으로 깊이 있게 전개되면서 서로의 감정과 생각을 오해 없이 주고받을 수 있도록 해야 한다. 사이버상담이 진행되면서 내담자는 짧은 외출이 가능해졌고, 아르바이트를 구해서 낯선 사람과 의사소통을 하기 시작했다.

근본적인 문제해결을 위해 대면상담만 고집하지 않고, 부족하더라도 사이버상담이 유일한 통로라면 시도해 볼 필요가 있다. 어느 정도의 성과를 얻을 수 있을 뿐만 아니라 결국 근본적인 문제해결을 위한 받침대를 마련하는 계기가 될 수 있다.

"누구든 죽이고 싶어요. 5분마다 한 번씩 충동이 올라오는데 억누르다 보면 온몸이 떨려요. 쉬는 시간에 혼자 앉아 있는데, 애들이 떠들다가 웃으면 자꾸 절 비웃는 것처럼 느껴져요. '따'인 거 같아서 한심하기도 하고 공부하는 것도 힘들고……. 그냥 살기 싫어요. 자꾸 화가 나서 견딜 수가 없고, 이러다 진짜 누굴 죽이면 어쩌나 싶어요."

하루에도 몇 번씩 교실에서 누군가를 죽이고 싶다는 살인 충동이 올라와서 참기 힘들다는 글이 올라온 적이 있었다. 장난 글이었으면 좋겠다 싶을 정도로 내용은 심각했고, 사실이라면 굉장히 다급한 상황이었다. 위기 사례인 만큼 게시판에 댓글로 상담을 진행하지 않고 학생에게 바로 연락을 취하기로 했다.

개인상담실에서 전화기 앞에 홀로 앉아 번호를 누르면서 과연 학생이 전화를 받을지, 받는다 하더라도 내게 마음을 열어 줄지 걱정이되었다. '살인 충동이 5분마다 올라온다는 학생의 마음을 내가 이해할 수 있을까.' 전화벨 소리와 함께 긴장이 타고 올라왔다. 심호흡하며 내담자가 어떤 마음일지 헤아려 보자, 어마어마한 충동을 억누르며 매순간을 힘겹게 버티고 있을 학생이 염려되었다.

"여보세요?" 학생이 전화를 받았다. 마음을 가다듬고 수화기 너머 들려오는 가느다란 목소리에 집중했다. 걱정과 달리 비교적 차분하게 그동안 쌓아 두었던 이야기를 쏟아 냈다. 더 이상 살기도 싫고 자꾸만 화가 나서 누군가 죽이고 싶다는 충동이 끊임없이 자신을 휘둘러서 교실에 앉아 있기 너무 힘들단다. 이야기를 들을수록 스스로도 감당이 안 되는 충동에 짓눌린 채 가녀린 어깨를 바들바들 떨며 앉아 있는 아이가 그려졌다. 이대로 두면 아이도, 학교의 학생들도 위험했다. 아이를 설득해서 어머니의 연락처를 받아 시급히 연락을 취했다.

전화로 상황을 전달받은 어머니는 믿을 수 없다며 완강하게 부인했다. 당신이 누군데 그딴 말을 하냐며 화부터 냈다. 자녀가 살인 충동에 시달린다는 사실을 누군들 믿을 수 있겠는가. 어머니의 마음을 읽어 주며, 천천히 아이가 왜 그런 충동에 시달리게 되었는지 아이의 마음을 전달했다. 그리고 앞으로 어떻게 이 문제를 해결하는 게 좋을지 방법도 안내했다.

결국 어머니는 마음을 열고 아이의 상황을 받아들였다. 알려 준 대로 집에 가서 침착하게 아이의 마음을 읽어 주고 상담을 받기로 했다. 집에서 가까운 청소년상담복지센터에서 전문가에게 상담을 받을 수 있도록 연결해 주어, 아이는 본격적인 상담을 시작할 수 있었다.

사이버상담은 상대가 보이지 않고 굳이 인간적인 관계를 형성하지 않아도 되므로 내담자가 바로 본론으로 들어가 문제를 쏟아낸다. 특히 위기문제가 대면상담보다 많다. 보통 자살위기 내담자들은 조기에 발견하기 힘들 뿐더러, 알아차렸다 해도 상담실로 상담을 받으러 오게 하기도 힘들다. 이에 반해 사이버상담에서는 죽고 싶다거나 자해를 했다는 내담자를 비교적 손쉽게 만날 수 있다.

그러나 채팅이나 게시판 글만으로 죽고 싶다는 내담자를 어떻게 상담해야 하는지 감을 잡기 어렵다. 이 말이 정말 죽고 싶다는 건지, 아니면 그만큼 힘들다는 하소연인지, 혹은 장난인지 분별하기가 쉽지 않다. 특히 처음 사이버상담을 접하는 상담자는 접속하자마자 죽고 싶다며 엄청난 정서적 고통을 쏟아내는 내담자를 만나면 당황하여 대꾸조차 제대로 하지 못 한다. 그러다 보니 상담자 자신도 불안해져서 위기 단계를 파악하거나 공감하고 위로해 주지 못하는 일도 벌어진다. 더군다나 새벽에 그런 내담자를 만났다면 더욱더 당황하게 마련이다. 그렇기 때문에 사이버상담은 반드시 관련 교육을 받고 진행해야 한다.

사이버상담의 특징을 잘 알고 온라인에서 보이는 내담자들의 특성에 대한 이해가 있어야 하며, 무엇보다 채팅이나 게시판(혹은 이메일)에서 상담을 진행하는 방법은 기존에 배웠던 대면상담과는 확연히 다르다는 점을 인식해야 한다. 그 특징을 잘 파악하고 훈련을 받아야만 효과적으로 진행할 수 있다.

현장에서 더 좋은 상담이
이루어지도록

다양한 프로젝트나 연구를 진행하는 것 외에도 이곳에서는 일 년 내내 다양한 상담 교육이 이루어진다. 회사 건물 6층에 있는 강당 뿐만 아니라 길 건너에 있는 교육관에서도 무수한 교육이 진행된다. 본원에서 소화할 수 있는 교육생의 수는 많아야 50~60명 수준이기 때문에 대규모의 교육은 외부에서 진행했다. 빼곡하게 진행되는 직원연수, 전문연수는 대부분 외부에서 며칠씩 이루어지다 보니, 매일매일 짐을 싸서 진행하고 돌아와서 짐을 풀고 평가 결과를 정리해서 보고하는 일의 반복이었다.

게다가 기관 평가에서 좋은 점수를 받으려면 교육 연수 만족도가 매년 향상되어야 한다. 알찬 교육 콘텐츠를 기획하고 명강사를 섭외하는 건 아주 기본적인 일이고 이 영역은 만족도가 한결같이 높아서 나머지 영역 즉, 숙식과 교육 진행 절차에서 높은 점수를 받아야 했다. 강의 내용은 강사 몫이지만 진행 과정은 직원 몫이기 때문에 최대한 실수 없이 철저하게 운영될 수 있도록 점검하고 또 점검했다. 아무리 좋은 교육을 기획하고 사전 준비를 잘 마쳐도 현장에서 출석 체크며 강의 진행 상황 점검, 강사 접대 및 사진 촬영 등 여러 잡다한 일을 하느라 정작 교육 내용은 들을 수 없는 현실이 속상했다. 그때그때 필요한 연구보조원을 충원했지만 아르바이트생이다 보니 결국은 담당자가 상시 재점검하고 신경 써야 실수를 예방할 수 있었다.

첫 파트너로 만난 선생님이 워낙 꼼꼼한 성격이라 일 진행은 더 복잡하고 더뎠다. 처음에는 안 그래도 체크하고 해야 할 일들이 많은데 단순한 작업들까지 굳이 이렇게 시간과 에너지를 쏟아야 하나 싶었다. 그렇게 하는 이유가 있지 않을까 싶어서 일단 내 판단을 접고 상대방의 스타일을 존중하며 충실히 따랐다. 이렇게 처음부터 깐깐하게 배운 덕분에 한꺼번에 많은 인원을 통제하고 동시에 여러 수업이 진행되는 대규모 연수나 좋은 평가를 받아야 하는 까다로운 연수도 실수 없이 잘 진행할 수 있게 되었다. 그 이후로도 다른 파트너들과 일하고 여러 스타일을 경험하면서 나만의 진행 방식을 만들었다.

그러다 보니 직업병이 하나 생겼다. 다른 기관에서 운영하는 교육을 받을 때조차 진행이 매끄럽지 않으면 내가 조바심이 나고 일이 해결될 때까지 마음이 놓이지 않는다. 한번은 강의 시작하기 바로 직전인데도 강사가 마실 물도 없고 마이크에 배터리도 없어서 켜지지 않는 걸 보고 서둘러 나가서 처리한 적이 있다. 강사는 그날 내내 내가 운영진인 줄 알고 여러 차례 이것저것 부탁했다. 지금은 교육 장소에 운영진이 아니라 강사로 가고 있지만, 챙길 게 무척이나 많은 운영진 입장을 잘 아는 만큼 운영진 편에서 한 번 더 생각하고 행동하게 된다.

이제까지 여러 기관에서 운영하는 교육을 가봤지만, 한국청소년
상담복지개발원에서 진행하는 연수 진행 방식은 최고였다. 교육
기획은 물론 강사 접대부터 전체 운영 및 마무리까지 철두철미하
고 매끄럽게 참 잘 운영한다.

늘 단순 작업만 반복하는 교육연수팀에 있으면서 잦은 출장과
체력 소모로 인해 지친 적도 많았지만, 현장에서 효과적으로 전달
되는 연수방식을 몸소 깨닫게 되면서 교육할 때 도움이 많이 되었
다. 현장 전문가들에게 프로그램 내용을 효과적으로 전달하기 위
해 어떻게 교육하고 운영할 건지 실제적으로 그리면서 기획할 수
있었다.

또 다른 즐거움을
알아 가다

상담 분야에서 경력이 쌓이면서 상담도 그밖의 다른 업무도 익숙해졌지만, 내 이름 석 자만으로 내세울 만한 뚜렷한 전문 분야는 없었다.

그런데 중앙기관에서 일하면서 나를 찾는 사람이 생겼다. 아니, 정확하게는 '나'라는 사람보다는 내가 속한 기관의 인지도 때문에 빚어지는 일이었다.

사람들은 명품이나 고급 차, 고급 저택을 소유한 사람을 볼 때 그가 가진 물건의 금전적 가치만큼 그 사람도 부유하고 성공한 사람이라고 인지한다. 비슷하게 해당 분야에서 회사의 명성이 높을수록 그 회사의 직원 또한 그만큼의 전문성과 신뢰도를 갖추고 있다고 생각하기도 한다.

그 당시 내가 다니는 직장은 정부산하기관이라, 매년 전국에서 진행되는 청소년 상담 실적이 축적되었다. 그에 따라 문제 유형별 통계가 가능하고 청소년의 주요 문제를 해결하기 위한 연구들과 전문 교육이 진행되었다. 그러다 보니 청소년 관련 이슈가 터질 때마다 끊임없이 언론에서 인터뷰 요청이 왔고 전국에서 상담 관련 강의 요청이 쏟아졌다.

대부분 교수급의 팀장들이 인터뷰나 강의를 나가거나 신문에 칼럼을 연재했다. 덕분에 아는 분들이 TV 프로그램에서 인터뷰하는 장면이나 중요한 회의에서 발표하는 모습을 종종 볼 수 있었는데 그때마다 괜시리 내가 으쓱해지곤 했다.

인터뷰나 강의 요청이 너무 많아 팀장이 시간을 낼 수 없으면 팀원들이 대신하기도 했다. 한번은 팀장님이 자꾸 해 봐야 실력이 는다고 하시며 조그만 매체에서 들어온 인터뷰 요청을 넘겨주셨다. 긴장도 되고 부담스러워서 하고 싶지 않다고 말씀드렸지만 결국 하게 되었다. 그런 경험들 덕분에 나중에 외부에 강의하러 나갔다가 갑자기 강의를 취재하고 싶다는 제안을 받았을 때도 침착하게 대응할 수 있었다.

직장이 갖고 있는 브랜드 효과 덕분에 내가 가진 능력에 비해 수월하게 강의를 나가게 되었다. 조금씩 그런 기회가 잦아지면서 강의할 때의 긴장감은 전보다 덜해졌지만, 강의 대상이 누구냐에 따라 주제가 무엇이냐에 따라 매번 첫 시도는 긴장이 되고 떨렸다. 과연 내가 잘해낼 수 있을까, 나만큼 아는 사람은 얼마든지 많은데 실수하면 어쩌나, 평가 점수가 낮게 나오면 어떡하나…….

처음에는 복지관에서 소규모 대상으로 강의를 시작했다. 점차 자신감이 생기고 강의 준비를 하지 않아도 얼마든지 진행할 수 있는 익숙한 주제들이 생기기 시작했다.

지역상담센터, 대학상담센터, 정부산하기관, 백화점 문화교실,

초·중·고등학교, 등 다양한 기관에서 강의하면서 강의 대상도 초등학생부터 성인까지 두루두루 만나게 되었다. 강의를 할수록 상담과는 다른 매력에 푹 빠져들었다. 내가 긴장하지 않고 즐길수록 평가 결과도 좋았다. 처음에는 직장을 통해 의뢰를 받았지만 점차 내게 직접 연락해 오기 시작했다. 직장이 아니라 나 자신이 브랜드가 되길 바랐는데, 그 바람을 이룰 수 있는 기반이 조금씩 다져지고 있었다.

상담자는
사회정의 옹호자

상담자는 내담자를 효과적으로 상담하기 위해 근거기반 치료법을 공부하고 연구하는 연구자 역할도 겸하지만 내담자의 권리를 옹호하는 옹호자의 역할을 하기도 한다. 상담은 다양한 문화적 배경을 존중하고 수용하는 학문이다. 특히나 자신이 속한 사회에서 비주류계층, 소수자로 살아가는 분들의 권리를 옹호하기 위해 상담자는 상담실 안과 밖에서 적극적으로 옹호자 역할을 감당하게 된다.

그 대상은 바로 범죄, 성폭력, 가정학대의 피해자와 아동청소년, 경제적 취약계층, 성소수자, 자살유가족, 미혼부모, 한부모 등 차별을 경험하거나 적절한 보호를 받지 못한 경우이다.

사회정의(social justice)는 사회적으로 소외된 집단이 그들의 삶을 향상시키는 자원에 더 가까이 갈 수 있도록 사회적 구조와 정책, 가치를 변화시키는 학문적이면서도 실천적인 전문적 행동이다. 사회정의 상담은 내담자의 개인 내적인 원인뿐만 아니라 내담자 문제에 영향을 미치는 사회환경적 맥락을 고려한다. 사회적 차별로부터 내담자를 적극적으로 옹호하면서 내담자의 문제에 영향을 주는 사회적 상황이나 체제를 변화시키려고 노력한다.

사회정의상담은 적극적인 사회정의 옹호상담과 소극적인 사회정의 옹호상담으로 구분된다. 어느 정도 개입할지 그 기준은 상담자가 안전하게 감당할 수 있는 범위 내에서 진행되어야 한다. 내담자만큼이나 상담자도 중요하기 때문에 자신의 권리를 먼저 인식하고 내가 감당하고 있는 다양한 업무와 역할 속에서 균형을 잡으면서 기꺼이 감당할 수 있는 범위 내에서 진행해 가야 한다.

현재 필자가 운영하고 있는 '마음봄연구소(이하 마음봄)'도 내담자의 권리를 옹호하기 위해 상담과 교육 외에도 다양한 활동과 모임을 연계하고 있다. 성명서 발표에 참여하는 것부터 내담자의 피해 상황을 적극적으로 알리기 위해 경찰, 변호사, 판사와 업무 협조를 하기도 한다.

국내에서 잇따른 트랜스젠더의 죽음에 슬픔과 책임을 느끼고 상담자들이 '성소수자를 지지하는 상담사 모임'을 만들어 변화를 위한 행동을 시도했다. 존재에 대한 차별이 없는 세상으로 변화되길 소망하며 상담실 안과 밖에서 소수자들을 위한 목소리를 내는 서명 운동이 이뤄졌다.

성명서의 내용은 지속적인 차별과 폭력이 우울, 불안, 중독, 자해, 자살 충동 등 심각한 심리적 문제를 야기하므로 당시 사회적으로 이슈가 되었던 성소수자의 자살은 개인적인 선택이 아니라 그들을 벼랑 끝으로 내몰았던 사회 구성원과 구조가 책임져야 할 사회적 타살임을 인정하고 있다. 또한, 상담자로서 자신의 가치관을 성찰하고 감수성과 역량을 증진하는 것뿐만 아니라 사회적 변화를 위해 꾸준히 관심을 갖고 행동하며 상담실 밖 사회에서 성소수자와의 연대하겠다는 다짐을 담고 있다.

'다다름'(성소수자를 지지하는 상담자 모임의 이름)은 성명서 발표 이후에 지금까지 꾸준한 활동을 이어오고 있다. 국제 성소수자 혐오 반대의 날을 기념하여 여러 크고 작은 행사를 진행하거나 성소수자 부모 또는 건강한 성생활을 위한 상담 가이드를 제작하기도 하고 다양한 교육 및 연구를 진행하고 있다.

'마음봄'은 '함께하는 약선택을 위한 회복실천운동'(이하 함약회) 활동 또한 지지하고 있다. 함약회는 상담사, 정신과 의사, 간호사, 사회복지사 등 전문가 30여 명과 정신질환 당사자와 가족들이 함께하는 모임이다. 정신 질환의 약물치료 과정에서 약을 선택하고 증상 및 부작용을 살피며 단약 시기 및 용량을 결정하는 전체 과정을 의사와 당사자가 함께 결정해야 한다는 입장이다. 약의 효능과 부작용을 바르게 알고 복용할 수 있도록 그 모든 의사결정의 주체로서 정신질환 당사자의 권리가 옹호되길, 한국 정신건강의학계의 패러다임이 변화되길 간절히 바란다. 이를 위해 함약회에서는 연대 서명뿐만 아니라 대한신경정신의학회 학술대회 장소에서 캠페인을 진행하고 언론을 통해 적극적으로 알리고 있다.

이외에도 한국에서 살아가는 고졸 여성 구직자의 사회경제 심리적 어려움을 알리고 그 권리가 옹호되기 위한 기반을 마련하고자 연구를 진행하고 있다. 그 첫걸음은 미취업 상태의 서울 거주 청년들과의 만남에서 시작되었다. 당시 서울시에서 진행하고 있었던 청년구직자에 대한 심리지원 서비스는 스크리닝 결과 고위험군에 해당하는 청년에게만 선별적으로 제공되었다. 당시에는 자살 사고 및 충동이 높은 내담자들을 5~7회의 단기 상담서비스를 통해 안정화를 도모해야 했기에 상담전문가는 공개적으로 모집하지 않고 동료 전문가가 신뢰할 수 있다고 추천한 경우 담당기관에서 개별적으로 협약을 진행했었다. 2018년에는 대상자가 많아서 그중에서도 2년 이상 미취업 상태인 청년으로 제한하면서 주로 만나게 되는 청년들이 고졸의 여성이었다.

당시 그들과 상담을 진행하며 가족의 지원 없이 단순한 알바조차 구하지 못해서 기본적인 의식주 해결하지 못하는 환경을 마주하게 되었다. 사회구조적인 문제임에도 개인의 무능력으로 귀인(attribution)하며 무기력한 모습을 보며 너무나 마음이 아팠다. 하혈로 고생하고 있는 상황에서 지역 보험조차 가입하지 못해 병원 진료 엄두도 못 내는 모습을 보며 담당기관을 비롯해 지인들에게 경제적 지원과 협조를 알아보기도 했다. 삶을 살기 위한 최소한의 생존권조차 보장되지 않은 상황에서 심리적 서비스가 다 무슨 소용인가 싶어 집으로 돌아가는 길에 하염없이 눈물을 훔치기도 했다.

일시적인 지원이 아니라 꾸준히 이들을 위해 할 수 있는 일, 상담자이기 때문에 할 수 있는 일이 무엇인지 고민하기 시작했다. 그러던 차에 전문가가 모인 전체 평가회의에서 내담자들이 상담자의 언어를 이해하지 못해 원활한 소통이 어렵고, 더 쉽게 설명해야 하는 불편이 있다는 일부의 의견이 제기되었다. 내담자들이 이해 받기 위해 신청한 상담서비스였지만, 사회에서 경험했던 것과 동일하게 상담 장면에서도 자칫 소외되고 이해받기 어려울 수 있다는 현실이 안타까웠다. 그때의 안타까움을 다른 연구자들과 나누면서 고졸 여성들이 사회에서 겪는 어려움에 대해 그분들의 이야기를 온전히 담아 그 누구보다 먼저 정신건강 전문가들에게 알리는 일부터 시작해 보자는 결론에 다다랐다.

평소 차별과 학벌에 관한 연구를 활발히 진행하고 있는 노윤경 베이츠칼리지 교수님 덕분에 아이디어 단계였던 연구가 구체적으로 기획되고 인터뷰가 진행되었다. 질적연구는 여전히 진행형이지만, 지금까지 정리된 자료를 기반으로 올해 미국 심리학회(American Psychology Association)에서 포스터 발표를 하게 되었다.

사회정의옹호상담은 불공평한 사회 체계를 개선하기 위해 상담자의 개입범위가 상담실 밖으로 확장될 필요가 있다고 본다. 사회정의를 이루기 위해서는 먼저 비판적 의식, 즉 의식화를 갖는 것이 중요하다. 의식화는 사회, 정치, 경제, 문화적 권력이 인간관계 그리고 세상을 바라보는 방식에 어떻게 영향을 미치는지를 인식하는 것이다. 의식화를 통해 개인은 사회, 경제, 그리고 정치적 위계 구조 속에서 자신의 위치를 이해하게 되므로, 비판적 인식을 가지는 것은 내담자와 상담자 모두 사회정의로 나아가기 위한 중요한 시작점이 된다.

Q... 상담하면서 실수한 적이 있나요?

A ... 당연히 있죠. 전공 책으로 읽었을 때는 상담을 잘할 수 있을 것 같았는데 막상 해 보니 난감했던 적이 여러 번 있었어요. 상담도 서툴지만 직장생활도 처음이라, 혼자 감당할 부분과 보고해야 할 부분의 경계선을 명확하게 알지 못했죠. 내담자와 상담을 시작하면 일단 그로 인해 일어나는 모든 일은 온전히 내가 책임져야 하는 줄 알았어요. 아무리 어려운 상담 케이스여도 내가 맡았기 때문에 내가 어떻게든 알아서 해야 한다고 생각했어요. 그래서 고위험군에 해당하는 학생을 상담하면서, 상사에게 보고하지 않고 혼자서 진행한 적이 있어요. 내담자는 공격성이 높아서 실험실에서 자주 다투고 특히 남학생들과 갈등이 심한 데다 자살 충동이 있는 학생이었어요. 편입을 준비 중이어서 상담 기간이 길어야 2달밖에 없었습니다. 부득이하게 상담을 주 2회로 늘려서 진행했죠. 정서적으로 불안정해서 자살

충동이 들거나 힘들 때는 혼자 있지 말고 언제든 센터로 찾아오라고 해서, 제가 다른 학생들을 상담하고 있을 때 예약 없이 찾아와서 기다리기도 했어요.

결과적으로 내담자는 면접을 잘 보고 원하던 학교에 편입했고, 지도교수님과 실험실 동기들과도 좋은 관계로 잘 마무리 짓게 되었어요. 무엇보다 정서적으로 안정되어서 더 이상 자살 충동은 생기지 않았고요. 남성이 가진 특성을 이해하게 되자 남자친구도 사귀게 되었습니다. 지금은 괜찮더라도 편입 후 새로운 환경에서 스트레스를 받으면 다시 자살사고가 생길 수 있습니다. 그래서 해당 학교상담센터에 연락해서 학생을 의뢰한 후 상담이 잘 진행될 수 있도록 그동안 진행했던 상담 내용, 심리결과를 정리해서 보냈어요. 몇 달이 지나 추후관리 차 연락을 했을 때 학교에 잘 적응하며 안정적으로 지내고 있다는 걸 확인하고서야 마음이 놓였습니다.

이 경우는 다행히 내담자가 힘이 있어서 자신의 문제를 잘 해결하고 좋은 결과를 내었지만, 고위험군 케이스를 상사에게 보고하지 않고 혼자서 감당한다는 건 무척이나 위험한 일이에요. 상담자가 혼자서 감당하기 버거운 케이스일 경우, 특히 자살 충동을 겪고 있는 고위험군은 상담자가 쉽게 소진되기 때문에 수퍼비전을 받으며 상위 전문가와 함께 대응해야 합니다. 상담자가 최선을 다하더라도 위기 케이스인 만큼 혹여 놓친 것은 없는지 내담자에게 맞게 상담이 진행되고 있는지 객관적인 점검이 필요해요.

당시 진행사항이나 특이사항을 보고하지 않고 혼자서 끙끙거리다 혼이 나기도 했습니다. 왜 저 학생은 이렇게 자주 센터에 상담을 받으러 오냐, 스케줄 조정을 잘 해야지 왜 내담자가 예약도 없이 기다리게 만드느냐……. 질책을 받자 위축돼서 아무런 말씀도 못 드렸어요. 얼마나 심각한 케이스인지 설명하고 위기관리를 위해 내담자와 합의한 내용을 말씀드렸으면 충분히 이해하고 오히려 지지해 주셨을 텐데 말이에요. 지금은 위기개입상담 교육을 할 때면 저와 같은 실수를 하는 분이 없도록 신신당부합니다.

6장

자유를 꿈꾸다

프리랜서가
되다

그동안 너무 무리해서 달려온 건지 건강이 나빠졌다. 두 달 동안 병가를 내고 쉬어 봤지만 몸은 회복될 기미가 보이지 않았다. 결국 직장을 그만두고 프리랜서로 일하며 건강을 관리하기로 했다.

사실 마음 한 구석에는 늘 프리랜서에 대한 호기심이 있었다. 좋아하고 잘할 수 있는 일을 더 많이 하고 싶다는 생각도 있었다. 개인병원에서 프리랜서로 일하며 외부 기관에 강의를 다니기로 했다. 프리랜서는 처음이라 떨리기도 했지만 이번 기회에 내 실력이 시장에서 경쟁력이 있을지 점검해 보자 싶었다.

상담을 통해 한 명의 내담자가 자신의 삶을 새롭게 조명하고 회복하는 과정을 함께하는 것도 기쁘지만, 강의는 짧은 시간 동안 더 많은 사람들과 소통하며 일상과 관계 속에서 자신을 돌아보고 통찰할 수 있다는 매력이 있었다. 직장에 다닐 때는 업무 스케줄이 있어서 강의 요청을 수락하기 어려웠지만 이제는 마음껏 할 수 있다니 생각만으로도 즐거웠다.

가장 많이 했던 강의 내용은 또래상담지도자 양성에 관한 것이었다. 교육 내용은 대부분 상담 실습으로 이뤄져서 보통 한 번에

40~60명이 듣는데, 이틀 동안 하루 종일 실습한다. 강의를 듣는 사람들이 더 많이 배우고 더 많은 것을 실습할 수 있도록 도움을 주고 싶다는 생각에 나는 강의 중에 잘 쉬지 않는다. 지도자를 양성하느라 여러 사람들을 만났지만 그중 교사연수가 가장 기억에 남는다. 가르치는 데 베테랑인 분들이라 더 부담스러웠지만, 학생들을 직접 지도하는 만큼 강의의 영향력도 컸다.

교사 연수에서 처음 강의를 할 때는 상담을 처음 할 때처럼 잔뜩 긴장했었다. 자발적으로 들으러 왔다기보다, 학교폭력 문제 때문에 정해진 인원의 교사가 무조건 교육을 받아야 한다는 공문을 받고 마지못해 온 사람들이 많았다. 그러다 보니 초기에는 정년퇴직을 앞둔 분들도 있었다. 그분들보다 어린 내가, 아이들을 지도한 경험도 몇십 배는 많은 분들에게 도움이 될까, 솔직히 자신이 없었지만 진솔하게 강의를 진행했다. 수업을 하면서 틈틈이 아이들의 심리 상태가 어떤지, 한국이라는 나라에서 살아가는 청소년들이 겪게 되는 증상들과 어려움들을 설명했다. 강의가 진행될수록 차츰차츰 선생님들이 아이들의 마음을 헤아릴 수 있게 되었고 질문도 많아졌다. 특히, 수업 내용이 자녀와의 관계에서 겪고 있는 어려움과 겹쳐지면 더 집중도가 좋아졌다.

상담 실습을 통해 상대의 이야기를 귀 기울여 듣는 방법, 아이의 눈높이에서 친밀한 관계를 쌓고 효과적으로 의사를 표현하는 방법들을 가르쳤다. 첫째 날이 끝나면 수업 시간에 배운 경청을 가족들을 대상으로 실습해 보라고 과제를 내 주었다. 연습이 얼마나 중요한지 깨달은 터라 다들 열심히 했다. 어떤 분들은 그날 술자리가 있어서 못 했다가 새벽에 일어나자마자 숙제가 생각났다며 자고 있는 배우자를 깨워 열심히 이야기를 듣다 오기도 했다. 관계가 깨져서 몇 년째 연락이 두절되었던 친구를 찾아가 경청을 연습했는데 묵혀 두었던 이야기들을 들으면서 관계가 회복되었다는 분도 있었다. 오후에 교육을 시작하는 경우에는 학교에서 학생들에게 경청을 연습하고 오기도 했다. 선생님과 대화를 하다가도 점심시간 종소리만 울리면 바로 일어나서 나가 버리던 아이들이 경청을 하자 나가지 않고 자신의 이야기를 계속했다며 놀라워하셨다.

특히 가족에게 연습한 분들은 아이와의 상호작용에서 변화를 경험하기도 했다. 부모가 자신의 말에 귀를 기울여 주자 눈물을 뚝뚝 흘리는 아이를 보면서 듣기의 단순하지만 강력한 힘을 실감했다는 것이다. 딱 봐도 무서워 보이던 학생부 선생님은 교육을 받으면서 그동안 학생들 이야기를 얼마나 듣지 않았는지 깨달았다고 했다. 잘못을 무조건 혼내기보다는 한 번이라도 더 이야기를 들으려 노력하겠다는 말을 듣고, 강의를 하며 쌓인 피곤이 눈 녹듯 사라졌다. 전에는 아이들이 실수하지 않기를 다치지 않기를 바라는 마음에 미리 조언해 주고 지도하는 데만 열중했는데, 그런 지도보다 아이의 말에 충분히 귀 기울여 주는 게 더 효과적이라는 것을 가슴 깊이 느끼고 오는 분도 있었다.

강사가 백 번 말 하는 것보다 한 번이라도 직접 느끼는 게 가장 좋은 교육이다. 과제를 통해 효과를 경험하자 첫날보다 더욱 적극적으로 실습에 참여하며 효과적인 의사소통 방법을 연습했다. 쉬는 시간에도 학생 문제, 자녀 문제, 배우자 관계까지 심각한 고민들을 상의하러 왔다. 연수 기간 동안 쉴 틈이 없지만, 그분들 한 분 한 분이 앞으로의 인생에서 만나게 될 수백 명의 아이들을 조금이라도 이해할 수 있고 아이들의 입장에서 도와줄 수 있다면 그걸로 충분했다.

그동안 마음 한 구석에는 나를 주춤하게 하는 생각이 있었다. 배워야 할 지식과 이론들이 여전히 산더미처럼 쌓여 있는데 사람들 앞에서 강의를 한다니, 그러기엔 내가 알고 있는 지식이 너무도 부족한 게 아닐까. 그래서 강의 의뢰를 받으면 새롭게 만날 분들을 떠올리며 즐겁기도 했지만 한편으론 망설여지기도 했다. 하지만 강의를 통해 변해 가는 사람들을 보면서 부족한 지식이라도 나누는 것이 얼마나 중요한지 깨닫게 된다.

난 하루만 일하는
베짱이

프리랜서로 개인병원을 선택한 이유중 하나는 상담센터에서 만난 사람들보다 더 깊은 아픔을 가진 사람들이 이곳에 있기 때문이었다. 그들을 만나 보고 싶었다. 그동안 연구를 하면서 차곡차곡 쌓인 지식이 내 머릿속이나 종이에만 남는 것이 아니라 아픈 사람들의 삶을 회복시키는 밑거름이 되길 바랐다.

주 5일을 매일 출근해서 월급을 받는 생활만 하다, 프리랜서로 근무하려니 무척 낯설었다.

근무 시간과 상관없이 내가 실제로 상담을 한 횟수만큼 돈을 받기 때문에 상담이 있을 때만 병원에 가면 되었다. 일에 차질만 없다면 내가 몇 시에 출근을 하고 퇴근을 하든, 누구 하나 간섭하지 않았다. 그만큼 자유롭기는 했지만 전적으로 모든 일을 내가 책임져야 하기 때문에 누리는 자유만큼 부담도 컸다.

프리랜서 생활을 막 시작했을 때는, 아직 젊으니까 나를 테스트해 보자고 스스로를 다독였지만 한편으로는 불안한 마음이 있었다. 최소한으로 보장되는 금액 없이 오직 내 실력만으로 평가를 받는다고 생각하니 과연 잘 해낼 수 있을지 걱정스러웠다.

졸업하고 바로 상담기관이나 병원에서 프리랜서로 일하는 경우에는 매일 출근하다시피 근무해도 상담을 의뢰하는 케이스도 적을 수 있고, 케이스별 비용도 낮게 책정된다. 경력이 부족하기 때문이다. 나는 그동안 경력을 쌓았고 관련 연구도 했으니 프리랜서로 일할 준비가 어느 정도 되었다는 생각에 용기를 내보기로 했었다. 하지만 새로운 시도를 한다는 설렘이 가라앉고 나자 현실적인 고민들이 불쑥불쑥 고개를 내밀며 마음을 어지럽혔다. 어느 누구의 도움도 없이 '나'라는 브랜드를 가지고 홀로 서야 한다는 압박감이 컸다.

매일 출근하지 않는 시스템이 무척 낯설게 느껴졌고, 과연 내가 기존에 받던 월급만큼을 여기서 벌 수 있을지 자신이 없었다. 근무 시간이 확연하게 줄어든 만큼 보수도 그만큼 적을 거라고 막연하게 생각했다.

하지만 개인병원에서 상담을 하면서 다른 날은 특강을 하거나 상담 실습을 위한 강의도 하다 보니 추가 수입이 생겼고 한 달 생활비로 부족하지 않았다. 내가 좋아하는 활동을 하면서 돈을 벌 수 있다는 즐거움이 금전적 이익보다 더 크게 느껴졌다.

대부분 프리랜서를 고용할 때는 주 1~3일 정도만 근무해 달라고 하기 때문에 적게는 2곳에서 많게는 5곳에서 근무하게 된다. 처음에는 상담을 의뢰하는 내담자가 적더라도 꾸준히 경력을 쌓으면서 실력을 향상시키면 그만큼 내담자의 수도 증가하고 상담료도 올라간다.

또 프리랜서로 일할 때는 직장에 묶여 있을 때와 달리, 집단상담 프로그램을 더 많이 개설해서 운영하고 싶으면 얼마든지 그럴 수 있었다. 나는 프로그램 세부 내용을 대상에 맞게 새로이 만들고 다듬으면서 집단상담의 구성원들이 서로의 아픔을 어루만져 주고 관계를 맺어 가며 일상을 회복해 나가도록 했다. 그럴수록 수입이 더 창출되니, 병원에서는 당연히 나의 활동을 반겼다.

사업가로서 새로운 정체성 확립하기

'유료 상담기관을 운영하려고 할 때 과연 상담만으로 경쟁력이 될까?' '환경적인 면에서는 깔끔하고 세련된 인테리어, 쾌적하고 넓은 공간, 찾아오기 편리한 위치, 눈에 확 들어오는 네이밍이 필요하다던데 어떻게 하지?' '상담자가 누구인지 그 과정 안내나 후기를 효과적으로 제공하기 위해 SNS를 활용하려면 마케팅 방법을 배워야 하지 않을까?' 많은 이들이 상담센터 운영을 시작할 때 한 번씩 고민하게 되는 질문들이다.

상담센터 운영, 참 부담스럽다. 일단 상담을 할 수 있는 물리적 공간이 있어야 하고, 상담을 받으러 오는 사람들이 있어야 하고, 그 과정에서 생기는 모든 일을 혼자서 다 책임져야 한다니 막막하고 부담스럽게만 느껴질 수 있다. 나 또한 언젠가 하고 싶지만 그 언젠가는 나이가 많이 든 아주 먼 미래일 거라 생각했다.

상담자가 이렇게나 많은데 과연 나를 찾아오는 내담자가 그것도 꾸준히 생길 수 있을까? 공간을 마련하고 유지하는 비용뿐만 아니라 내가 그동안 받던 월급, 연봉을 매출이 아니라 순수익으로 만들어내는 게 과연 가능할까 생각했을 때 고개가 저어졌다. 무엇보다 위기상황이 생겼을 때 그 모든 과정을 나 혼자 다 책임지면서 적절하게 대처할 수 있을지 확신이 들지 않았다. 혼자 그 모든 책임을 지고 의사결정을 해야 한다니 덜컥 겁이 났다.

그랬던 내가 사설기관을 운영한 지 5년 차에 접어들고 있다. 아이와 시간을 더 보내기 위해 풀타임을 그만두기로 결심한 순간이 바로 첫 출발점이었다. 혼자 일한지 얼마 지나지 않았을 때는 정해진 출퇴근 시간이 없으니 마냥 좋았다. 그러다 점점 시간이 흐를수록 1인 사업이 어떤 의미인지 실감나기 시작했다. 같은 공간에 함께 있을 뿐만 아니라 언제든 어려움이 생기면 얼굴을 마주 보고 상의하며 해결책을 찾아갈 수 있는 동료들이 없다는 건 또 다른 의미의 독립이었다. 밥도 혼자 먹고 상의할 사람 없이 온전히 모든 것을 홀로 해내야 하는 건 어린 시절 부모로부터 심리적으로 독립해 나가는 것과 맞먹는 수준의 용기와 끊임없는 다짐, 그리고 다독임이 필요했다. 물론 지금도 여전히 진행형이다. '마음봄'이 성장해 가는 만큼 대표로 도전하고 책임져야 할 영역들은 늘어나기 때문에 매해, 매 순간 새로운 선택 앞에 고민하며 상담자이면서도 사업가로서의 정체성을 탑재하기 위해 부단히 노력하고 있다.

막상 직장은 그만두었지만 독립된 상담공간을 마련할 엄두도 내지 못했기 때문에 나의 첫 상담공간은 집에서 가까운 동네 스터디 카페였다. 정해진 스터디룸도 없어서 그날그날 배정해 주는 공간에서 상담을 진행했었다. 내 공간이 아니다 보니 그 어떤 것도 배치해 둘 수 없었다. 어떤 날은 룸에 휴지도 없어서 내담자가 울면

냅킨을 가지러 서둘러 뛰어갔다 오기도 하고 어떤 날은 내담자가 괜찮다며 가방에서 챙겨온 휴지를 꺼내 눈물을 훔치기도 했다. 스터디카페이다 보니 큰 소리로 울기도 어렵고 공간을 구분하는 벽이 불투명 유리여서 지나가는 사람들이 비치기도 했었다.

당시 내 형편에서 제공할 수 있는 최선의 공간이었지만, 많이 미안했었다. 그럼에도 꾸준히 찾아와 준 내담자들 덕분에 이제는 잠실동에 법인기관을 운영하게 되면서 하늘이 드넓게 펼쳐진 풍경을 바라볼 수 있는 대기실도 있고, 상담을 받는 공간도 여러 개가 생겼다.

모든 것이 갖추어진 조직에서만 일하다 막상 하나부터 열까지 전부 만들어 가야 하고 당장 다음 달에 얼마의 수익이 생길지 보장되지 않는 상황을 처음 겪다 보니 모든 게 불확실하고 두려웠다. 과연 상담만으로 승부가 가능할까, 가능하다 한들 내가 그만큼 상담을 잘 해낼지, 내가 한 선택들이 잘한 건지, 놓치고 있는 건 없는지 매번 의구심이 들었다.

사업이란 무엇이며 어떻게 이윤을 창출해야 하며 상담자의 정체성과 충돌되지 않고 내가 지향하는 가치를 실현하면서도 소득을 증대하는 방법은 무엇인지 고민에 고민을 거듭했다. 그 과정에서 아주 명확하게 알게 된 점은 상담으로 진검승부를 할 수 있다는 거였다.

시설이나 환경에 대한 투자는 순이익금이 한국에서 근로자의 평균 소득을 훌쩍 넘어 내가 생각하는 기준을 초과했을 때부터 시작했다. 어떠한 형태로든 상담자로서의 나의 방향성에 영향을 줄 수 있는 경제적 부담은 만들고 싶지 않았다. 아이를 키우고 박사과정을 병행하면서 일도 해야 했기 때문에 1분 1초를 아주 살뜰하게 아껴 썼다. 반드시 해야 하는 일들이 매번 꽉 차 있는 상황에서 해본 적 없는 마케팅을 시작하는 것보다는 상담 자체에 충실하기로 마음을 먹었다. 그렇게 내담자를 만나는 건 '마음봄'을 알리는 채널(외부 간판, 홈페이지, 블로그, 인스타, 네이버 지도 표시 등)이 없는 상태에서 오로지 내담자가 지인들에게 소개해 줘서 오는 바이럴 마케팅으로만 진행했다. 그럼에도 지금까지 '마음봄'만의 속도로 계속 성장해 가고 있다는 점이 나에게 시사하는 바는 크다. 교육청이나 세브란스 병원에서 협약을 위해 현장 실사를 나왔을 때도 간판이나 엘리베이터에 기관명 표시가 없는 것과 홈페이지조차 만들지 않은 부분에 대해 의아해했었다. 오죽하면 네이버 지도에 기관 위치를 표시하고 상호명을 기입하는 것도 지인이 직접 해 주었다. 기관 연락처도 네이버에 연동해 둔 걸 최근에서야 알아차렸을 정도로 외부 홍보에 무심했다.

지금까지 경험한 바로는 내담자들은 상담공간, 상담자의 학력과 자격보다는 자신이 겪고 있는 어려움을 얼마나 따뜻하게 공감하며 실제적이고 효과적인 방법을 찾아 해결하고 바꿀 수 있는가를 더 중요하게 여겼다.

코로나19로 스터디카페가 수차례 문을 닫았던 시기가 있었다. 하루에도 여러 번 방침이 바뀌어서 어렵게 예약했던 스터디카페가 당일 아침에 문자 하나 툭 보내고 취소해버리는 일들이 자주 일어났다. 심한 경우 매주 상담장소가 바뀌었고 심지어는 당일 또 다른 장소를 급히 섭외해 진행해야 해서 내담자들에게 너무 미안했다. 그런데 그렇게 한 달 남짓 보내는 동안 상담을 그만두거나 장소로 불평하는 내담자가 단 한 명도 없었다. 코로나19로 생명이 위협될 수 있으니 최대한 외출을 자제하라던 그 시기에도 상담을 취소하지 않고 그곳이 어디든 기꺼이 찾아오는 모습에 가슴이 뭉클했다. 내담자들이 얼마나 상담을 소중하게 여기는지 그들의 간절함을 느낄수록 안전한 공간을 마련하고 싶다는 바람이 차올랐다. 결국 내 생애 처음으로 서울대입구역에 자그마한 오피스텔을 얻는 용기를 내었다. 그날이 상담공간에 대한 첫 투자였다.

봉천동 스터디카페에서 잠실동 법인기관으로 오기까지 '마음봄'은 코로나19로 전 세계 경제가 악화되고 침체될 때 오히려 꾸준히 성장해 왔다. 이제는 함께하는 선생님들을 위해, 그리고 '마음봄'이 오랫동안 꾸준히 집중해 갈 여러 공익 사업을 위해 잘 모르는 마케팅을 공부하며 천천히 SNS와 홈페이지를 시작하고 있다.

그럼에도 늘 최우선으로 생각하는 점은 '마음봄'에서 상담자와 내담자가 가장 먼저 안전하고 행복할 수 있길 바란다. 또한 상담자들이 노력한 만큼의 수익을 만들 뿐만 아니라, 그 수익으로 경제적으로 어려움이 있는 분들에게 전문적인 심리적 지원을 제공할 수 있길 바란다. 무엇보다 전문적인 서비스를 경제적 편차 없이 모두가 받게 되길 진심으로 바란다. 그래서 이제껏 개인적으로 진행해 왔던 걸 넘어 더 체계적이고 조직적으로 확대해 보려 한다. 그 바람은 아주 오래전부터 간직하고 공유해 왔었다. 진로 집단을 할 때마다 각자의 미래를 그려보며 공유하는 시간을 갖는데 그럴 때마다 나는 공익을 위한 재단을 만들고 싶다고 했었다. 그러자 참가자들은 억 단위를 적은 포스트잇을 기부금이라면서 선물로 주고 응원해 줬었다.

수익이 만들어지면 꼭 하고 싶은 일 중 하나가 자살과 자해로 힘들어하는 학생들을 위해 사회정서학습에 관한 매해 새로운 내용으로 전국 초·중·고등학교에서 학급 단위로 진행될 수 있도록 지속적인 프로그램 개발 및 연구를 지원할 뿐 아니라 전문강사를 양성하고 싶다. 그리고 그 과정에서 가장 일선에 서 있는 상담자들이 안전하게 보호받고, 지치지 않을 수 있는 울타리를 만들어 주고 싶다. 그 과정이 오래 걸리고 쉽지 않겠지만, 그럼에도 늘 그래왔듯이 포기하지 않으면 언젠가 같은 뜻을 가진 이들이 모여 함께 하나씩 이뤄가게 되리라 믿는다. 세월이 흘러 '마음봄'의 또 다른 성장을 나눌 수 있게 되길 소망해 본다.

만약 창업을 꿈꾸는, 혹은 창업한 지 얼마 되지 않은 분들이 상담실을 잘 운영하기 위한 가장 중요한 팁을 묻는다면, 지금 나와 함께 마주하고 있는 내담자와의 상담에 가장 정성을 쏟으라고 말해 주고 싶다. 이외에도 해 주고 싶은 말도 많고 궁금한 점들도 많을 텐데 지면의 한계로 아쉽지만 여기서 마무리해야 할 것 같다. 이 부분만 따로 떼어 책을 쓰거나 또 다른 만남의 장에서 아낌없이 풀어내는 기회가 올 거라 믿는다.

각 분야 전문가들과의
협동 작업

병원에서는 환자의 정신질환을 진단하고 그에 따른 약물을 처방한다. 또 규모에 따라 다르지만 의사, 간호사, 임상심리사, 상담심리사, 놀이치료사, 언어치료사 등 여러 치료사들이 함께 일한다. 이들은 병원에 상주하며 다양한 치료 프로그램을 운영한다.

한 명의 내담자에게 여러 명의 치료사가 배정되어 치료가 진행되는 경우, 치료자 간에 정기적인 사례 미팅이 필요하다. 심리검사를 실시한 임상전문가의 의견을 바탕으로 의사가 대략적인 치료 방향을 정하고, 필요하다고 판단되는 치료 방법을 권유한다. 아동이나 청소년을 둔 부모들은 대부분 심각한 상태가 되서야 병원을 찾기 때문에 빨리 호전되었으면 하는 바람으로 여러 치료를 동시에 시작하는 경우가 많다. 그럴수록 치료자 간의 협력이 중요해진다.

하지만 병원에서 이 부분이 시스템으로 되어 있지 않으면 치료자 개인의 몫으로 남겨지기 때문에 자칫하면 협력이 이뤄지기 힘들 수 있다. 한 명만 의욕적으로 모이자고 한들, 다른 치료자들이 스케줄을 조정해서 시간을 내지 않는 한 사례 미팅이 성사되기 어렵다.

만약 치료 내용이 공유되지 않으면, 내담자의 문제 영역을 여러 명이 중복해서 다루거나 내담자의 상태에 대해 전체 그림을 그리지 못한 채 단면만 보고 진행하게 되어 상담 효과가 더디게 나타날 수 있다. 뿐만 아니라 비용 측면에서의 손실도 크기 때문에 반드시 치료자간 정기적 사례 공유 미팅이 필요하다.

각 치료자들마다 세운 치료 목표가 무엇인지, 어떻게 접근하고 있는지 함께 공유하여 치료 내용이 중복되지 않도록 주의해야 한다. 또한, 개별적으로 치료 장면에서 봤던 내담자의 문제행동을 공유함으로써 치료자들이 내담자의 보다 온전한 모습을 이해하고 합의된 공통 목표를 세우는 것이 좋다. 공통 목표를 바탕으로 각각의 치료방법에서 가장 효과적으로 달성할 세부 목표를 정하여 진행함으로써 치료 효과가 극대화된다.

특히 이러한 내용은 정기적으로 부모와 공유하여 부모도 치료자들과 동일한 관점과 태도로 아이를 대하도록 해야 한다. 상담자는 일주일에 한 번, 기껏해야 한 시간 정도 만나는 게 전부이지만 부모는 24시간 365일을 아이와 같이 있기 때문에 아이에게 가장 많은 영향력을 행사한다. 그러므로 부모가 아이의 상태를 객관적으로 이해하고 문제해결방법을 습득함으로써 아이에게 평소에 좋은 모델이 되어야 한다.

병원이 다른 상담기관과 가장 구별되는 점은 진료 후에 진단명에 따라 약물 치료를 받게 된다는 것이다. 약물 치료는 생물의학적 이론에 근거하여 뇌중추신경계의 신경전도물질에 영향을 주는 화

학물질(약물)을 통해 증상을 완화하는 방법이다. 생활을 유지하며 상담에 집중할 수 있도록 증상을 완화시켜줌으로써 상담을 받을 수 있게 되어 근본적인 심리적 문제를 해결할 수 있다.

그러나 많은 사람들이 약물 치료에 대해 편견을 갖고 있다. 약을 먹으면 부작용이 생길 것이라 생각하고 찝찝해하며 임의로 양을 줄이거나 가급적 먹지 않으려 한다. 특히나 자녀가 약을 먹어야 할 경우 부모들이 약을 먹이지 않는 경우가 많다. ADHD(주의력 결핍 및 과잉행동 장애)를 앓고 있는 아이들의 경우 대부분 약물 처방을 받고 반드시 약을 복용해야 심리치료에도 효과가 있는데도 부모들은 아이에게 약 먹이기를 꺼린다. 종종 약이 아이와 잘 맞지 않아서 부작용이 생기는 경우도 있는데, 부작용이 있을 때는 반드시 의사와 상의해서 다른 약으로 변경하거나 복용 방법을 점검해야 한다. 상담할 때 이 점을 사전에 점검하고, 무조건 약을 꺼리지 않도록 잘못 알고 있는 부분이 있다면 상세히 설명해 주고, 약물치료가 병행될 때 심리치료의 효과가 더 좋은 이유를 알기 쉽게 알려 주는 것이 좋다. 부모는 내 아이가 먹는 약 이름이 무엇인지, 각 약의 기능과 효과는 무엇인지 의사에게 물어보고 알려 준 방법대로 복용해야 한다. 올바른 복용방법을 따른 후 아이의 행동을 주의 깊게 관찰하여 의사에게 알려 주어야 그 약이 아이에게 잘 맞는지, 혹은 다른 약이 맞을지 올바르게 판단할 수 있다.

상담자들에게는 편하게 이것저것 물어보는 부모들 중에도 의사에게는 잘 물어보질 못하는 경우가 있다. 의사가 설명해 주는 만큼만 듣고 바로 나와서 자신의 방식대로 약물을 복용하니 참으로 안타깝다. 물론 진료시간이 대부분 몇 분으로 짧기 때문에 물어보기 어려울 수도 있지만, 이해가 되지 않는 점은 꼭 물어보고 설명을 들어야 한다. 의사가 진단하고 처방하는 만큼 그 약물에 대해 가장 잘 아는 사람은 의사밖에 없다. 그러므로 상담자가 편하다고 상담자에게 약물 복용에 대해 물어보면 꼭 의사와 상의하고 결정해야 한다고 확실히 말해 두는 것이 좋다. 상담자는 상담을 시작하기 전 의사가 기록한 차트와 처방전도 꼼꼼히 살펴보고 약물 처방이 있는 경우 규칙적으로 복용하고 있는지 꼭 점검해 보는 게 좋다는 점을 기억해 두자. 정서적으로 많이 불안정하거나 심리치료에 필요한 최소한의 집중도 어려운 경우엔 반드시 약물 치료를 병행해야 상담이 제대로 효과를 발휘할 수 있다.

통제 받은 적 없던
아이

병원에서의 상담은 크게 일대일로 받는 개인상담과 비슷한 문제를 겪고 있는 6~8명이 함께 받는 집단상담으로 나뉜다. 아동은 성인에 비해 언어로 자신의 감정과 생각을 표현하는 능력이 부족하므로 미술, 놀이, 음악 등 다양한 매개체를 통해 상담을 한다. 청소년은 인지수준과 문제영역에 따라 상담 방법을 결정한다.

하루는 병원의 '이번 달 집단상담 프로그램' 신청자를 살펴보는데, 치료사의 머리를 잡아끌고 다녀서 병원 내에서 유명한 아이의 이름이 눈에 띄었다. 학교에서도 화가 나면 심한 욕설을 퍼부으며 또래 아이들을 때리고, 통제하려는 선생님에게도 의자를 던지거나 욕해서 오전 수업을 마치기도 전에 집으로 돌려보내지는 아이였다. 개인심리치료 시간에도 난동을 부리는 아이인데, 개인치료는 효과가 없어서 집단상담을 신청했다고 한다.

공격성과 충동성이 높은 데다 규율을 지키지 않는 아이를 집단 프로그램에 등록시키는 것은 굉장한 모험이었다. 집단상담은 다른 아이들도 참여하므로 자칫하면 오히려 상태가 악화될 수 있다. 치료사와 진행 중인 개인 치료 세션을 더 진행하고 집단상담을 받는 게 더 효과적이라고 설명했지만 부모는 완강했다. 병원에서도 부모의 뜻대로 해 주길 원했다.

결국 부모와 면담을 진행했다.

집에서는 아무런 문제가 없는데 밖에서만 돌변한다는 부모의 하소연을 들으며 양육방식을 살펴보았다. 아이는 지금까지 집에서 제지를 받은 적이 한 번도 없었다. 부모는 폭력적인 대화를 하지 않기 위해 아이에게 이제까지 '안 돼!'라는 말을 아예 하지도 않았고, 최대한 아이를 존중하며 키워 왔단다. 아이 자체는 똘망똘망하니 말도 잘하고 책 읽기도 좋아하는 데다 운동도 잘했다. 사랑스럽고 귀여운 평범한 아이였다. 그런데 또래 아이들과 어울려 놀다가 사소한 다툼이 생기면 바로 폭발했다. 한번 흥분하면 분이 풀릴 때까지 상대를 때리거나 물건을 부수고 악을 질렀다. 그러다 누군가 제지하면 더 심해져서 부모는 멀찍이서 바라만 봤단다.

집단에 참여하는 아이들 대부분이 ADHD를 앓고 있어서 이런 크고 작은 충돌은 수시로 일어난다. 청소년들은 같은 증상을 앓고 있어도 나이가 들수록 점차 나아지므로 상담이 수월한 반면, 초등학생 때는 증상이 가장 심각할 때라 매번 크고 작은 혈투가 벌어진다. 요즘 초등학생들은 덩치도 크고 힘이 세다. 그런 집단을 나 혼자서 운영하다 보니 처음에는, '혹시 나도 맞는 거 아닐까?' 걱정되기도 했다. 하지만 우려와 달리 따뜻하고 일관된 태도로 대했더니 아이들은 내 권위를 인정하고 잘 따라 줬다. 물론, 순간 폭발하면 의자를 던지겠다, 때리겠다며 위협하긴 했지만 그럴 땐 아이의 마음을 읽어 주고 규칙을 다시 상기시키면 이내 침착해졌고, 흥분이 가라앉으면 사과했다.

화나거나 속상할 때 폭력을 사용하기보다 참고 언어로 감정을 표현하는 연습을 하고, 꼭 지켜야 하는 규칙과 필요한 교육들을 반복적으로 배우면서 사막의 무법자 같던 아이들이 변하기 시작했다.

한번은 아이가 씩씩거리며 집단치료실로 들어왔다. 학교에서 화가 나는 일이 있었는데 지금 말하지 않으면 중간에 폭발할 것 같다며 친구들에게 양해를 구하고 속상했던 이야기를 나눴다. 매번 프로그램 활동 중 공격적으로 화를 내서 다음번에는 속상한 일이 있으면 미리 이야기해 달라고 여러 차례 말했더니, 아이는 정말 그렇게 행동했다. 다른 아이들은 화가 많이 났겠다며 잘 들어 주었고, 이야기를 들으니 네가 이해된다며 피드백을 해 주었다. 화를 냈던 아이도 이내 감정을 풀었고 들어줘서 고맙다고 말했다. 아이들은 어른과 다르게 금방 금방 변한다. 꼭 하얀 도화지 같다. 조금만 방법을 알려 주면 곧잘 따라 하는데 그런 걸 보면 어른보다 낫다는 생각이 든다. 3개월이 지날 무렵엔 반에서 또래들의 추천으로 반장이 되거나 부반장이 되는 아이들도 생겼다.

상담과 돈
그리고 부모

상담을 받기 위해서는 꽤 비싼 비용을 지불해야 한다. 좋은 의료서비스를 받으려면 그만큼 돈이 많이 드는 것은 상담 또한 마찬가지이다.

ADHD 아동청소년 상담프로그램을 개발한 이후 현장에서 더 전문적으로 일하고 싶어서 유료기관으로 이직했을 때였다. 본점 외에 지점도 운영할 정도로 인기가 많은 병원이었다. 환자들은 경제적 편차와 상관없이 정해진 비용을 지불해야 한다. 정신질환은 대부분 중장기 치료를 필요로 하기 때문에 내담자들 대부분이 병원에서 1~2년 이상 치료를 받고 있었다.

당시 초등 저학년부터 청소년까지 5~6개의 사회성 집단상담을 진행하고 있었다. 모집 시작과 동시에 마감되는 프로그램이었지만, 내가 가진 권한으로는 병원에서 정한 아이들의 치료비용을 줄여 줄 수 없었다. 하지만 내가 기획하고 강의하는 부모 교육 프로그램은 따로 비용을 받지 않았다.

처음에는 젊은 여자가 무얼 알겠나 의심스러운 눈빛으로 바라보며 어차피 의사가 장기 치료해야 한다고 했으니 별 기대 없이 병원을 다니기만 했던 부모들이 많았다. 상담자의 열정에 마지못해 참석하기 시작했는데, 교육받은 대로 열심히 적용했던 부모님의 아이가 빠르게 변하기 시작했다. 친구가 없었던 아이가 반에서 회장으로 선출되기도 하고 부모-자녀 관계가 눈에 띄게 좋아졌다. 집단 내에서 가장 충동성과 공격성이 높은 아이가 변하는 모습을 보고 무기력하거나 비판적이던 부모들도 적극적으로 참여하기 시작했다.

부모가 변하면 아이의 성장은 더 빠르게 일어나고 긍정적인 변화가 안정적으로 지속된다. 자신을 위해서, 배우자를 위해서 변화하라면 고집을 잘 꺾지 않는 부모들도 자녀를 위해서라면 힘겨워하면서도 노력한다. 그 모습을 볼 때마다 부모가 얼마나 강인한 존재인지 감탄하게 된다.

초보 상담자는 대부분 부모 상담을 어려워한다. 상담자들이 부모와 나이 차이가 크게 나지 않거나 오히려 더 어린 경우가 많아서 부모가 자신을 신뢰해 줄지 걱정한다. 부모 또한 어려 보이는 상담자가 자녀 문제를 잘 해결해 줄지 의문스러워하며 결혼 여부, 자녀 유무를 확인하기도 한다.

나도 처음에는 부모 상담이 무척 어려웠다. 미혼인 데다 자녀도 없고 나이까지 어린데 과연 부모들이 내 말을 믿고 따라 줄지 걱정되어 위축되기도 했다. 그래도 내담자의 문제를 해결하기 위해서는 부모가 문제의 원인을 바로 알고 변화되지 않으면 불가능하기 때문에 부모들을 만나기 시작했다. 그렇게 보호자와 만나기 시작하고 경험이 쌓이면서 내가 걱정했던 것보다 부모들이 내 전문성을 신뢰하고 따라 준다는 걸 깨닫게 되었다. 비록 내가 아이를 키우진 않았지만, 그동안 봐왔던 무수한 사례들을 통해 적어도 그 문제에 관해서는 부모보다 더 객관적으로 분석하고 구체적인 방법들을 공유하며 긍정적인 변화를 가져올 수 있다는 자신감도 생겼다. 그 뒤부터는 이전보다 편안하고 당당하게 부모를 만날 수 있었다. 부모가 오지 않으려고 하는 경우, 상담자가 보다 확신 있고 단호하게 상담의 필요성을 설명하면 두 분 모두는 못 온다 하더라도 대부분 한 분은 상담실을 찾는다.

부모 상담을 자녀 상담과 병행해서 진행할 때 주의해야 할 점이 있다. 자녀들은 상담자가 부모 편이거나 자신과 이야기한 내용을 부모에게 전달할까 봐 염려하기 때문에 비밀 보장에 대해 자세히 설명해 주면서 상담 초기에 신뢰를 주는 작업이 중요하다. 또 상담자가 미혼이거나, 상담자와 비슷한 문제로 자신의 부모와 갈등 중인 내담자를 만날 경우, 자녀 편에 치우쳐서 상황을 바라볼 수 있으므로 주의해야 한다.

주호소 문제에 따라 부모와 자녀를 동일한 상담자가 아니라 각기 다른 상담자에게 배정하기도 하는데, 그런 경우 상담자들이 정기적으로 상담 내용과 방향에 대해 공유하며 전체 그림을 그리는 것이 상담에 매우 효과적이다.

부모 상담 시간이 되면 늘 부모들에게 했던 말이 있다. 아이 증상이 심각하니까 치료를 오래 해야 된다고 생각하지 말고 최대한 빨리 치료를 그만두는 걸 목표로 삼자는 것이었다. 자신들이 계속 치료비를 내야 돈을 많이 받을 텐데 그 말이 진심일까 의심하는 사람들도 있었지만 여러 차례 만나면 진심이 전해졌다.

병원에서 가난한 부모들을 만나면서, 언젠간 가정형편에 따라 비용을 차등으로 받고, 여러 가지 다른 서비스를 무료로 제공하고 싶다는 꿈을 가지게 되었다. 유용한 교육들을 무료로 혹은 아주 저렴한 비용으로, 또 쾌적한 환경과 다양한 서비스로 돌려주고 싶다. 가능한 한 상담을 빨리 종결할 수 있도록 최대한 지원하고 싶다.

다행히도 지금은 실제로 공간을 마련했고, 이때의 꿈을 현실화해 가며 더 구체적이고 생생한 그림을 그려가고 있다. 나 혼자 할 수 없는 그림이기에 함께 성장하는 가치를 아는 선생님들과 연대해서 같이 만들어가길 소망한다.

부모를 위한
양육코칭

아이들의 회복탄력성은 어른보다 더 뛰어나다. 뛰어나다 못해 반짝반짝 빛이 난다. 때문에 부모교육 전문강사들을 교육할 때마다 매년 강조하는 개념이 바로 자기효능감이다. 문제가 생겼을 때 자신이 해결해 낼 거라는 믿음을 키우는 것이 아주 중요하기 때문이다.

민수는 고등학생이 돼서도 여전히 학교에서 잠만 잤다. 어려서부터 학업을 못 따라가는 모습을 보면서 부모님은 경계선 지능을 가진 느린 학습자라 여기고 민수에게 재산이라도 물려주려고 쉼없이 노동을 해왔다. 그 아이가 고등학교 2학년 때 우리는 처음 만났다. 아이는 무기력했고 친구들처럼 배달 아르바이트를 시작할 거라며, 희망 직업은 택배 기사라고 했다. 지능이 낮다고 했지만, 상담을 진행해 봤을 때 결코 낮은 지능이 아니었다. 주의력결핍장애(ADD, attention deficit disorder)가 의심되었다. 대학 병원에서 종합 검사를 의뢰한 결과 지능은 오히려 평균 이상이었지만 ADD였다.

주의력 결핍은 보통 학습장애를 동반하기 때문에 수업내용을 이해하지 못하거나 숙제를 어려워하고 무기력해하는 자녀를 종종 지능이 낮다고 오해하기도 한다. 부모가 가져온 검사 결과를 자세히 해석해 준 뒤 약물치료와 상담을 병행하면서 아이의 학습과 진로를 체계적으로 준비하기로 했다. 흥미와 적성검사, 면담을 기반으로 원하는 학과를 결정한 뒤 아이는 평생 처음으로 공부를 시작했다. 다른 아이들이 12년 동안 준비하는 수능을 아이는 딱 1년 준비했고 결과는 합격이었다. 그 과정에서 많은 우여곡절이 있었지만 아이뿐만 아니라 어머니가 꾸준히 양육 코칭을 받으면서 노력했기 때문에 가능했다.

진희는 고등학교에 진학하면서 급성 우울로 도저히 수업을 들을 수 없어서 학업을 포기했다. 단지 수업을 빠지지 않고 졸업하는 것만을 목표로 우울증을 치료받으러 왔던 아이였다. 상담을 진행하고 호전되자 아이는 대학을 가고 싶지 않다며 자신의 의사를 명확하게 밝혔다. 공부를 곧잘 하던 아이였기 때문에 우울증이 나아지면 재수라도 해서 대학을 갈 줄 알았는데 오히려 대학을 가지 않겠다고 하니 부모 입장에서는 받아들이기 어려웠다. 아이들은 회복되면 어떤 형태로든 반드시 성장하고 싶어하니까 부모님께도 기다려 달라고 말씀드렸고 아이의 속도를 존중해 주셨다. 결국 아이는 고등학교 3학년 2학기에 들어서면서 대학을 가겠다고 마음을 먹었다. 겨우 3~4달 남은 시점이라 불가능하다고 여긴 부모님은 상처받을까 봐 오히려 걱정하셨지만 아이는 자기 페이스대로 입시를 준비했고 결국 원하는 학과에 진학한 데다 성적장학금을 받고 있다.

학업 스트레스가 심한 데다 자살 충동이 높아져서 결국 자퇴까지 했던 준호는 다시금 중심을 잡고 공부해서 결국 수능까지 보고 원하는 전공으로 진학했다. 그럼에도 평소 실력보다 덜 나와 아쉽다며 자발적으로 재수를 시작하면서 모의고사 전국 2등을 했다. 올해 말 수능까지 지속적으로 잘 해내야 하겠지만 그 과정에서 학업과 정서 코칭을 잘 따라오면서 자기 페이스를 유지하고 있다.

이외에도 우울, 불안, 공황, 품행장애, 전환장애 등 여러 정신 질환으로 자퇴했던 아이들이 다시 학교에 복학해서 임원으로 선출될 정도로 친구 관계도 잘 맺고 학교생활도 잘 적응했다. 중고등학교 내내 단 한 시간 수업 듣는 것도 힘들어했던 혁진이는 정신화(mentalizing, 행동을 지각하고 해석하는 의도적인 마음 상태) 능력이 향상되고 증상에 대한 이해와 대처 능력 또한 나아지면서 주 5일 동안 온종일 빽빽하게 전공 수업을 들어야 하는 학과에 진학했다. 지각 한번 없이 학업도 잘 해내고 MT에 가서 친구들을 사귀기도 했다.

인간은 누구나 성장하고 싶은 욕구가 있으며 자기효능감을 가질수록 자신이 진정으로 원하는 바를 용기 내 도전하며 성취할 때까지 인내할 수 있다. 이는 꿈을 찾아가는 아동청소년이나 이미 어느 정도 성취를 이룬 기업 임원이나 전문직 사업가들 또한 마찬가지다.

아동청소년이든 성인이든 정서를 조절하며 자신에게 중요한 학업이나 일을 성취하고, 소중한 인간관계를 잘 맺기 위한 의사소통과 대처행동 방법을 배우고 시도해 가는 모습을 볼 때마다 이들의 용기와 인내에 감동한다. 자신의 바람만큼 잘 해내지 못해 속상해할 때마다 그럼에도 노력해 온 부분들을 따뜻하게 인정해 주고 격려하면, 처음엔 자기 합리화 아니냐며 받아들이지 못하다 점점 스며들게 된다. 상담실에 와서 나와 대화할 때만 받아들이다 이내 자기 자신을 따뜻하고 친절하게 바라보며 믿어줄 수 있게 된다. 상담자의 태도가 아이들과 부모에게 내면화된 것이다.

내담자들이 자주 하는 말이 있다. 선생님을 주머니에 넣고 다니면서 문제가 생길 때마다 어떻게 할지 물어보고 싶다고 한다. 나를 떠올리며 선생님은 뭐라고 반응할까 상상하면 내가 평소 하던 말들이 떠올라 문제의 일정 부분을 해결할 수 있다는 것이다. 그러다 보니 어느새 그들의 어휘와 말투, 반응에서 언뜻언뜻 내 모습이 보인다. 내 아이가 나의 말투를 닮아가듯. 이와 같이 내담자와 상담자 둘이 작업을 할 수도 있지만 부모가 양육 코칭을 배우면 그 성과는 훨씬 빨라진다. 종종 부모님들이 언제쯤 선생님처럼 아이에게 말할 수 있냐고 물으시면서 당신은 도저히 못 하겠다고 말씀하실 때가 있다. 하지만 아이의 패턴과 부모의 패턴을 명확히 알면 갈등이 생겼을 때 서로의 취약점을 인지해 효과적으로 소통하며 해결해 갈 수 있기 때문에 제대로 배우는 것이 중요하다. 상담은 겨우 일주일에 한 번 50분 정도 진행되지만 매일 마주하는 부모가 아이를 잘 양육할 수만 있다면 몇 년 동안 상담한 것보다 그 효과는 훨씬 크고 빠르다.

자녀를 위해서라면 어떠한 어려움도 기꺼이 감당할 부모이지만 양육하는 과정에서 받는 스트레스는 어마어마하다. 부모역할을 잘 해내려고 노력하다 보면 오히려 양육스트레스를 받는다. 커갈수록 신경 써야 할 영역들이 늘어나는 데, 가장 어려운 영역이 자녀의 학업과 또래관계이다. 부모는 아이가 불확실함 속에서도 자신의 꿈을 향해 도전하고 성취해 가길 바라며 양육한다. 하지만 부모도 삶에서 받는 스트레스가 많다. 직장과 대인관계에서, 경제적 소득과 불안정한 미래에 대한 걱정들. 더불어 발달단계에 맞게 자녀를 잘 키우고 있는지 무수한 선택 앞에 혼란스러울 때가 많다. 좋은 부모가 되고 싶어서 애를 쓰는데도 오히려 본인과 자녀를 더 힘들게 만들 때가 있다.

이를 해결하기 위해 중앙육아종합지원센터에서 정부 예산으로 부모교육 프로그램을 의뢰했다. 서천석 선생님을 중심으로 연구진이 꾸려졌고 부모교육 심화과정을 위해 4개의 모듈을 기획했다. 그중 두 번째 모듈, '완벽한 부모 스트레스' 파트를 맡아 집단 상담 프로그램을 개발하였다. 자신의 양육 스타일을 이해하고 자신의 불안을 수용하면서 원하는 가치에 따라 자녀를 양육해 갈 수 있는 기반을 마련하는 교육으로 2021년부터 전국에서 지원하는 전문가들과 함께 실습을 진행하고 있다.

사람들은 잘 모르는
상담자의 외로움

상담자가 되는 길은 전문성을 갖추는 것뿐만 아니라 삶에서 전문지식을 적용하며 인품을 다듬어 내는 일도 포함된다. 일상에서 그 지식대로 살아내는 것은 무척이나 고단하고 어려운 일이다. 그럼에도 상담자가 되기 위해 그 대가를 기꺼이 감수한다. 상담은 사람의 마음을 다루기 때문에 그 어떠한 직업보다 더 윤리적인 기준이 높고 공부하고 훈련받아야 할 영역들이 무척이나 많다. 끝이 보이지 않는 공부의 터널 속에 갇혀 때로는 압도되어 주저앉기도 하고 포기하고 싶을 때도 있다.

그럼에도 심리학 지식이 자신의 삶에서 지혜로 피어날 때까지 끊임없이 정진하는 힘은 내 삶 속에서 함께하는 이들이 빛나기 때문이다. 공부한 걸 적용하려 애쓸수록 나 자신을, 내가 사랑하는 사람들을, 심지어는 미운 사람들까지도 마음 깊이 이해하게 된다. 그리고 더욱 사이좋게 잘 지내면서, 때론 적절한 거리를 편안히 유지하면서 내가 혹은 상대가 원하는 바를 서로 잘 조율하며 충족해 가게 된다. 노력하면 할수록 그 과정이 한결 더 수월해지는 걸 경험하게 되면 그 매력에 푹 빠져 끊임없이 노력하게 된다. 진정 자유롭고 나다워지는 경험을 하는데 어찌 그만둘 수 있겠는가. 상담을 공부한 지 십수 년이 지났지만 여전히 나는 이 공부하길 잘했다고 생각한다. 또한 심리학을 공부했기 때문에 내 삶에 닥쳤던 거대한 고통의 파도들에 휩쓸려 주저앉거나 포기하지 않고 끊임없이 일어나 다시금 나답게 살아내게 되었다. 내가 바로 이 공부의 가장 큰 수혜자이기 때문에 이 공부를 손에서 놓을 수가 없다.

국가자격연수기관에서 강의를 할 때는 자주 듣는 말이 있다. 바로 '선생님은 별다른 어려움 없이 평온하게 잘 살아온 사람 같다'는 말이다. 또한 어떻게 그렇게 오랫동안 소진되지 않고 상담을 해 갈 수 있는지 물어보기도 하신다. 내가 비교적 덜 소진되는 이유는 일 자체에서 느끼는 보람과 기쁨이 큰 데다 관계를 유지하기 위해 쏟은 노력들이 상담에 효과적으로 적용되기 때문이다. 심리학 지식 한 가지를 내 삶에 온전히 적용할 수 있을 때까지 끊임없이 노력하는 것. 그리고 내 가족뿐만 아니라 자주 만나는 직장 동료나 학교 선후배들, 친구들과의 관계에서 갈등이 생겼을 때 쉽게 포기하지 않는 것. 다름을 이해하고 의견을 조율해 보려 노력하는 것은 상담할 때 내담자를 효과적으로 이해하며 실제로 도울 수 있는 아주 중요한 밑거름이 된다.

상담자로 살아간다는 건 이렇듯 보람되고 기쁘기도 하지만 때론 참으로 외롭다. 한 사람 한 사람 마음 깊숙이 누구에게도 꺼내놓지 못했던 이야기들을 들으며 그들의 마음에 나도 같이 스며들어 간다. 그 상처가 아물어 가고 원하는 길을 향해 걷기 시작할 때 그 성장의 끝 또한 계속 함께하고 싶지만 상담자는 상담자로서의 자리를 지키며 내담자의 독립을 격려한다.

다른 직업은 얼마든지 고객과 사적인 관계를 맺을 수 있지만, 상담은 아주 엄격하게 윤리적 기준을 지켜낸다. 내담자를 보호하기 위해 일정 기간 그 어떠한 사적 관계도 맺지 않으려 부단히 애쓴다. 그래서 상담이 종결된 뒤에도 내담자에게 안부를 묻고 싶은 마음을 꾹 참는다. 종결 당시 미해결 과제로 남아 있던 부분들이 어떻게 해결되어 가고 있는지, 혹여 힘들지는 않은지, 좋은 일들이 생기지는 않았는지 알고 싶지만 꾸욱 참는다. 필요하면 내담자가 연락할 거라고 믿기에 그저 무소식이 희소식일 거라며 혼자 그리워하고 내담자의 안녕을 홀로 다정히 바라 본다.

내담자 대부분은 자신의 지인들이 상담받을 수 있는지 연락해 온다. 상담을 받으려고 용기 내는 지인들의 시작을 응원하는 그들의 모습에 감동하곤 한다. 어떤 변화와 성취가 있었는지 하나하나 기록한 편지나 메일을 받을 때도 있다. 그럴 때면 설레는 마음에 읽고 또 읽으면서 그 글에 담긴 내담자의 모습을 그려보곤 한다. 어떨 때는 꼭 짝사랑 같다. 혹여 내 연락이, 내 말 한마디가 내담자에게 어떻게 영향을 미칠지 세심히 살피고 있는 나를 보고 있자면 웃음이 나온다. 이렇게 거리를 유지하는 또 다른 이유는 삶의 이슈로 다시 상담을 시작하고 싶을 때 그 바람을 지켜 주고 싶어서이다. 상담자와의 치료적 관계를 통해 상담이 진행되기 때문에 상담자가 고려하고 지켜야 할 영역들이 꽤 복잡하고 많다.

특히 청소년 아이들은 종결을 생각해 보자고 제안하면 아직은 선생님 없이 혼자 못해낼 것 같다고 망설이다가도 한번 생각하고 오라고 하면 이내 자신이 얼마나 해낼 수 있는지 시도해 보고 싶다고 한다. 선생님이야 언제든 다시 만날 수 있으니까 지금껏 배운 것들로 한번 실천해 보고 싶다며 배시시 웃는 모습을 보게 된다. 그 모습을 마주할 때마다 인간이 회복되면 성장하고 싶어지는 욕구가 얼마나 자연스레, 그리고 당연히 찾아오는지 새삼 놀라게 된다.

종결하는 날엔 눈물이 그렁그렁한 채 그동안 선생님 덕분에 이만큼 성장했다며 언제든 힘들면 꼭 올 거라고 말하지만, 대부분의 아이들은 몇 년이 지나도 보지 못한다. 아이 상담은 끝나도 부모의 양육코칭이 지속되는 경우에는 부모를 통해 아이가 잘 자라고 있음을 확인한다. 상담자를 만날 일이 없다는 건 그만큼 자신의 삶을 잘 살아내고 있다는 이야기니 참 반갑고 좋은 일인데 한편으로는 보고 싶다. 힘들 때는 당연히 봐야겠지만, 잘살고 있을때도 볼 수 있으면 좋겠다. 그래서 종종 꿈꾼다. 동네 주민들이 가벼운 옷차림으로 들러 담소를 나누는 동네 카페처럼 봄아(필자의 별칭)샬롱을 운영하며 내담자들이 이후에 마실가듯 잠깐 들려 안부 인사하며 지나가는 날을.

언제든 그들의 삶의 안전기지로 '마음봄'이 존재하길.

Q... 어떤 점을 기준으로 직장을 구해야 할까요?

A... 처음 직장을 선택할 때는 내가 원하는 곳보다 나를 뽑아 주는 곳에 가서 경력을 쌓는 게 중요합니다. 초보일 때는 내가 원하는 직장에 가겠다고 시간을 끌기보다는 경력을 쌓아서 그 다음 기회를 노리는 것이 훨씬 현명하죠. 자격증을 취득하기 좋은 직장 즉, 개인상담, 심리검사, 집단상담을 실시할 수 있는 곳에 들어가거나 가능하다면 직장 내에서 수퍼비전도 받을 수 있는 곳에 들어간다면 더할 나위 없겠죠. 그만큼 수련비용도 절감할 수 있지만, 상담의 기본을 빨리 배울 수 있으니까요.

자격증을 취득했다면 다양한 경험을 통해 나만의 전문 분야를 찾아 보세요. 나에게 맞는 대상이 아동인지, 대학생인지, 성인인지는 겪어 봐야 알 수 있으니 여러 기관들 중에 관심이 가는 곳에 지원해 보세요. 정답은 없습니다. 우선은 내가 좋아하는 분야가 뭔지, 생각만큼 잘 해내는지 등 나를 탐색하고 알아가는 게 먼저인 만큼 다양한 기관에서 근무하는 걸 두려워해서는 안 됩니다. 요즘은 평생직장이 없다고 합니다. 그러니 계약직이라고 꺼릴 이유도 없습니다. 정부 산하기관이든, 사설기관이든, 병원이든, 규모가 작든 크든 상관없이 당신이 맡게 될 업무가 무엇인지와 조직 내 운영 방식을 고려하여 직장을 정하는 게 좋습니다.

중요한 점은 처음부터 너무 모든 것을 확정하려 하지 말고 자신의 가능성을 열어 두고 탐색 기간을 가져 보는 것입니다. 나에게 연구가 맞는지, 강의나 교육을 직접 하는 게 좋은지, 기획하는 게 좋은지, 프로젝트나 사업을 수행하며 관리하는 게 맞는지 하나씩 살펴보는 거죠. 다양한 업무를 맡아 봐야 자신에게 잘 맞고 잘 맞지 않는 영역을 분별할 수 있습니다. 처음부터 제한을 두면 자신도 몰랐던 가능성을 발견하기 어렵습니다.

인생은 깁니다. 당신이 한 경험은 어떤 형태로든 당신의 미래에 도움이 됩니다. 그러니 과감히 도전하고, 선택했다면 성실하게 최선을 다해 책임져 봅시다. 어느 정도 시간이 흐르면 내가 꾸준히 관심이 가고 잘하는 분야와 운영 방식이 보일 거예요. 그렇다면 이후부터는 나만의 전문 분야를 선택해서 집중적으로 경력을 쌓고 나만의 운영 방식과 노하우를 만들어 가면 되는 거죠.

말씀드렸듯이, 상담 업무에서는 나 자신이 도구이고 재산입니다. 내가 경험하고 깨닫고 갈고닦은 실력은 사라지지 않습니다.

이제 막 상담자가 되는 길에
들어선 당신에게

나는 상담자가 되기로 마음먹은 후, 쭉 이 길만을 걸어왔다. 초보 상담자일 때는 스스로에게 확신이 없는 만큼 상담 장면이 긴장되었고 나보다 나이 많은 내담자가 부담스러웠다. 하지만, 한두해 경력이 쌓이면서 쉽게 압도당하거나 조바심 내기보다 점점 내 한계를 인정하며 중심을 잡아가게 되었다.

누구에게나 처음은 있다. 내담자가 고민하는 모든 문제를 상담자가 다 경험해 볼 수는 없다. 경험해 봐야만 그 문제를 함께 해결해 나갈 수 있는 것도 아니다. '나는 부족하지만 그래도 나를 믿어 주는 분들과 함께 최선을 다하면, 그들이 혼자 끙끙거릴 때보다 훨씬 효과적으로 문제를 해결해 나갈 수 있다.' 그렇게 믿으며 도망치지 않고 스스로를 다독이며 지금까지 올 수 있었다.

종종 내담자의 문제를 빨리 해결하고 싶어 하며 성급하게 해결책을 알려줄 때도 있다. 상담자가 관련 지식과 방법을 해박하게 설명해 주면, 당장에는 상담자가 위대해 보이기도 하고 빠르게 신뢰관계를 형성하는 듯 보인다. 하지만 내담자가 자신의 문제를 스스로 파악하고 스스로 해결할 수 있는 기회를 갖지 못한 채 상담자만 의지하게 되거나, 상담자를 실망시키고 싶지 않아 순응하며 따르는 척만할 수도 있다. 그러다 보면 혼자 일어설 힘이 길러지지 않았기 때문에 상담을 종결한 이후 비슷한 문제가 반복되기 쉽다.

그러므로 초보일 때뿐만 아니라 상담자는 늘 끊임없이 상담과정에서 자신이 하고자 하는 말의 동기를 점검해야 한다. 과연 이 시점에서 이 말을 하는 것이 내담자에게 도움이 되는지 혹시 내 불안이나 호기심 혹은 과시욕은 아닌지, 점검하고 또 점검해야 한다.

상담에서의 주인공은 상담자가 아니라 내담자이다. 내담자 스스로 자신을 이해하고 문제를 해결할 수 있도록 상담자는 내담자와 같이 걷되, 한 발도 아니고 반 발자국만 앞서 걸어야 한다.

한 인간을 이해하는 것은 온 우주를 이해하는 것과 같다. 그만큼, 인간은 복잡하고 다양하고 끊임없이 변하기 때문에 하나의 이론에 정통하면 결국은 다른 이론들과도 맞닿게 된다. 하지만 너무 이른 시기에 하나의 이론을 고집하기보다는 관심 있는 영역을 중심으로 두루 살펴보며 자기만의 색깔을 만들어 내는 게 중요하다. 아직 자신의 색깔을 잘 모르겠거든, 우선 기본적인 이론 공부를 충실히 하고 현재의 흐름을 파악하면서 자신만의 관점을 만들어 가기 바란다.

상담은 끊임없이 공부해야 하는 분야다. 상담자가 되고 짧지 않은 세월이 흘렀지만 나는 아직도 배우고 싶은 분야가 무궁무진하다. 아동부터 성인까지 두루두루 만나고, 상담뿐 아니라 연구나 교육 기획, 강의 등의 다양한 업무를 수행하면서 '상담자'로서의 나를 계속해서 알아가고 있다.

나는 상대가 자신만의 꿈을 찾고 삶을 회복해 가는 모습을 볼 때가 가장 행복하다. 때론 상담으로 때론 교육으로, 누군가의 삶을 함께 세밀하게 들여다보면서 계속 제자리를 맴돌게 했던 아픔을 뛰어넘어 현실 속에서 자신만의 색깔을 펼칠 꿈을 이뤄가도록 격려하는 과정이 정말 가슴 떨리게 좋다. 난 누구든 자신만의 꿈이 있고, 그 꿈을 실현할 수 있는 힘을 가지고 있다고 믿는다. 그래서 그들 안의 무궁무진한 가능성을 마음껏 펼칠 수 있도록 응원하고 싶다. 이 책도 그런 마음이 반영된 결과물이다.

나와 같은 길을 가려는 사람들이 자신을, 이 길에서 만나는 이들을 더 사랑하게 되고 행복하기를 바라는 마음으로 조심스레 이 책을 내놓는다.

상담심리사라는 직업은 자격증을 취득하고 실력을 갖추기 위해 오랜 노력을 해야 하지만, 그 노력에 대한 대가가 보장되어 있지 않다. 선진국과 달리 심리치료 비용이 의료보험으로 커버되지 않고 개인이 고스란히 전액을 감당해야 한다. 사회구조적인 시스템의 한계로 인해 상담자들의 일자리와 근로소득수준은 온전히 개인의 몫으로 넘겨졌다. 그러므로, 심리상담의 현실은 투자하는 비용과 노력에 비해 그 결과가 보장되지 않는 전문영역 중 하나이다. 당장 결과가 보이지 않을 때 그 막연함을 견디며 지속해 가기 위해서는 내적 역량이 필요하다.

미래사회가 불확실하고 변화속도가 빠를수록 위기에 유연하게 대처하면서 나만의 길을 포기하지 않고 주도적으로 살아가는 삶의 태도가 중요하다.

이를 위해서는 문제가 발생했을 때 적절히 대처해 나갈 거라는 나 자신에 대한 믿음인 자기효능감, 그리고 나의 부족함을 인정하고 문제를 해결하기 위한 방법을 찾는 태도, 다시 용기 내어 시도해 볼 수 있도록 나 자신에게 다정하고 친절하게 격려해 주는 태도(compassionate mind)를 갖추어야 한다. 그렇게 될 때 상담분야에서 튼튼한 뿌리를 깊게 내리고 어떠한 변화와 어려움 속에서도 오래도록 풍성한 열매를 맺으면서 시원한 그늘을 제공하는 든든한 나무로 살아가게 된다.

내가 지금까지 일을 해온 경험을 살펴보면, 심리학을 공부하면서도 언젠가 상담교사라는 직업이 국내에서도 생길 거라며 그 꿈을 간직해 왔다. 상담자보다는 상담교사로 사는 것이 가르치는 역할도 하면서 안정적일 거라 생각했기 때문이다. 세월이 흘러 정작 그 직업이 생기고 자격증도 취득했지만 난 여전히 학교로 돌아가지 않았다. 그동안 다양한 현장에서 경력을 쌓으면서 내 삶의 가치와 일에 대한 관점이 뚜렷해졌기 때문이다. 내가 원하는 일을 마음껏 펼치기 위해서는 교사라는 직업이 제공하는 고용안정성보다 학교밖에서 다양한 도전을 시도하며 만들어 가는 일의 형태가 잘 맞는다는 걸 인정하게 되었다. 그렇기 때문에 보장되지 않는 불안정함을 기꺼이 받아들이며 감당해 가고 있는 것이다.

직업에 대한 불확실성이 가장 높았던 때는 아이를 키우면서 전업주부로만 살다 다시 취업을 준비할 때였다. 지원조건에 박사학위를 필수로 요구하거나 서류전형이 통과된 경우에는 내 경력이 너무 많아서 부담스럽고, 고용조건이 좋지 않기 때문에 빨리 이직할 거라며 채용을 꺼렸다. 과연 취업이 가능할까 낙담하고 있을 때 이전 직장 상사의 추천으로 인터뷰를 보게 되었고 결국 다시 일을 시작하게 되었다. 열심히 살아온 과거의 나에게 고마운 순간이었다.

앞으로도 나는 더 성장해 갈 것이다. 당신도 나와 함께 이 길을 걸으며 성장했으면 좋겠다. 누구보다 당신이 먼저 회복되고 행복해져서 만나는 이들의 삶이 회복될 수 있도록 힘을 실어 주는 지혜로운 격려자가 되길 응원한다.

10년 후 당신이 어떻게 변해 있을지 기대된다. 지금 바로 눈앞에 있는 그림이 막연하고 나중엔 바뀔 수도 있다 하더라도 전체적인 당신만의 큰 그림을 그려 보기 바란다. 그리고 그 어떤 계산이나 이득보다 지금 내 마음에서 1%라도 더 원하는 길을 따라가기 바란다. 이 길은 10년은 걸어 봐야 승산이 보이니까.

개정판을 완성하며

첫 책이 출판되었던 때로부터 9년, 거의 10년의 세월이 흐르면서 한국 사회는 다시 없을 국가적 재앙들을 겪었고, 그 어떤 때보다 심리사회적으로 급변하고 있다.

초판이 출판되고 며칠 되지 않아 바로 세월호 참사가 발생했고 올해 초에는 이태원 참사로 정부에서는 국가애도 기간을 선포했다. 국민이 받은 심리적 충격이 악화되지 않도록 합동분향소에서 대면으로, 또는 전화상담으로 많은 상담전문가가 자발적으로 심리상담을 제공했다. 당시 친구의 죽음을 목격했거나 희생자와 같은 반이었던 학생들을 위해 애도 교육과 긴급 사후개입을 진행해 달라는 연락을 받고 학교로 향했다. 현장에 나가 학생들과 교사, 관계자들을 살피고 당시 진행하고 있던 집단상담, 개인상담, 심리교육 모든 세션에서 만나는 이들의 상태를 살폈었다. 다들 괜찮은지 점검하고 대응하면서 바빠 지내다 정작 내 아이를 살피지 못했다는 걸 깨닫고 뒤늦게 연락했었다. 아이는 해맑은 목소리로 학교에서 안전교육을 받은 내용을 엄마에게 알려 주었다. 혹시라도 넘어지게 될 때 책가방을 이용해야 한다며 신신당부했다. 이해하기 어려운 충격적인 사건을 접했을 때 사람들은 각자의 방식으로 그 불안과 고통을 받아들이고 해소해 가는데 내 아이는 앞으로 닥칠 일에 대한 방법을 배우면서 자신의 불안을 해소해 가고 있었다.

2020년에 시작된 코로나19는 2년이 넘는 지금까지 전 세계적으로 큰 변화를 일으켰다. 사람 간의 대면 접촉이 줄어들면서 고립감으로 인한 우울감이 증가하는 한편, 예측 불가능한 미래로 인한 두려움과 불안이 증가했다. 스트레스가 커질수록 관계 속에서 받는 위로와 지지는 그 어떠한 약보다 효과적이다. 최근 서울대병원에서 국제 학술지 〈JMIR 공공보건 및 감시〉에 게재한 연구 결과에 따르면, 코로나19 증상이 환자의 우울, 불안에 영향을 미쳐 정신건강을 악화시킬 수 있음을 밝혔다.

이제는 성인뿐만 아니라 소아청소년의 우울, 불안이 높아지면서 그 어떤 때보다 심리상담전문가의 수요가 높아지고 있고 정신건강 전문가들의 연대와 사회적 책임이 중요한 시점이다. 그럼에도 아직까지 심리상담 분야에서는 청소년기본법에 근거한 청소년상담사 외에는 국가자격증이 마련되지 않았다. 법안 마련을 위해 보건복지부, 한국심리학회, 한국상담심리학회, 임상심리학회, 한국상담학회, 대한의사협회에서 여러 대책이 논의되고 있지만 아직까지는 합의점이 도출되지 않아 어려움을 겪고 있다. 그러다 보니 자격검정이 되지 않은 사람들의 유입이 증가하고 있다. 극단적인 실사례로 범죄자가 출소해서 상담센터를 차리고 성범죄자 양형 협상을 위한 심리상담소견서를 허위로 발급해도 아무런 법적 처벌을 받지 않았다.

초판이 출간된 이후, 상담영역별 전문기관과의 세부 내용의 변화 유무를 일일이 점검해 보니 정부 부처에서 상담서비스와 기관을 각각 따로 운영하고 있고, 서비스 내용도 중복되거나 제한된 부분들이 있어서 안타까웠다. 문제영역별 체계적인 자격제도와 관리 기준에 관한 법안이 마련된다면 국가 차원뿐만 아니라 민간기관에서 제공하는 상담심리서비스도 체계화되며 질적 관리가 가능해진다. 그날이 오기까지 현장에서 이 길을 가려는 사람들이 정보의 홍수 속에서 꼭 필요한 자격증과 교육을 잘 분별하면서 자신만의 능력을 체계적으로 쌓아갈 수 있기를 진심으로 응원한다.

이번 개정판에는 상담자의 진로 중 유료상담을 진행하는 사설 기관 운영, 수퍼바이저의 역할, 부모 양육코칭에 관한 내용을 추가하였고 이외에도 상담영역별 기관, 자격증에 관한 구체적인 세부 내용과 자격취득 과정에서 고려해야 할 사항 등을 대대적으로 추가하였다. 애정을 가지고 글 전체 수정 작업을 도와준 우송이와 부록 작업을 세심히 도와준 혜원이, 필자보다 더 큰 그림을 그리며 기획과 편집 작업을 진행한 양하경 편집자와 바다출판사 편집부에게 감사드린다.

부록

1. 나의 길을 찾기 위한 진로선택워크북
2. 상담자가 되기 위해 필요한 자격증
3. 상담자의 취업 분야
4. 상담자의 발달 단계

나의 길을 찾기 위한 진로선택워크북

"사람들과 끊임없이 비교하고 타인의 시선이나 평가에 갇혀 내 에너지와 시간을 낭비하기보다 나만이 가지고 있는 재능과 꿈을 찾아서 실현하는 데 온전히 집중하자."

지금까지의 내용은 내가 상담심리전문가가 되기까지 선택해 왔던 여정을 담고 있다. 나는 상담자가 되고자 결정했음에도 불구하고, 선택의 기로에 설 때마다 무수히 고민하고 길을 찾았다. 당신도 당신만의 길을 찾아야 한다.

상담자가 되고 싶어서 그와 관련된 책을 읽고 있더라도 그것이 진정 하고 싶은 직업인지, 나와 맞을지, 명확하게 알기는 어렵다. 그렇다면 어떻게 해야 알 수 있을까? 이 책을 쓰면서도 여전히 상담자로서의 직업 정신이 발동하나 보다. 당신이 진로를 보다 더 잘 선택할 수 있도록 부족하나마 그동안 진로상담을 하면서 가장 효과적이었던 방법을 알려 주고 싶다. 당신이 어떤 상태인지에 따라 세부 내용이 달라지기 때문에 만나서 상담하는 게 훨씬 좋지만, 아쉬운 대로 일반적인 틀을 제시한다. 우선 다음 사항을 염두에 두자.

첫째, 나의 강점과 약점은 무엇인가? (자기분석)

둘째, 우리 사회는 어떤 사람을 필요로 하는가? (시장분석)

셋째, 진정으로 내가 하고 싶은 일은 무엇인가? (목표설정)

넷째, 그 일을 하기 위하여 준비해야 될 것은 무엇인가? (전략수립)

마음의 준비가 되었다면 시작해 보자.

진로는 개인의 속성(자기효능감, 성과 기대 등 내적, 인지적, 정서적 상태와 물리적 속성들)과 외적 또는 환경적 요인(사회적 지지와 장벽들)이 서로 상호작용하여 결정된다. 둘 다 현실에 대한 개인의 지각 내용으로 객관적인 현실보다 의사결정과정에서 더 크게 영향을 미친다.

결과 기대와 자기효능감에 의해 예측되는 흥미도 진로 선택에 영향을 미친다. 사람은 자신이 특정 활동을 잘할 수 있고 또 그것을 잘함으로써 가치 있는 결과가 나온다고 예상할 때, 그 활동에 지속적인 흥미를 가진다. 흥미가 높으면 관련 직업을 잘 수행해 낼 수 있다. 에드워드 스트롱이라는 직업심리학자는 같은 직업을 가진 사람들에게 공통적인 흥미패턴이 있다며 흥미를 기반으로 직업을 찾는 직업흥미검사를 개발하기도 했다.

만약 강한 흥미를 가지고 있으면서도 그 영역을 선택하지 않는다면 그 이유로 '진로장애요인'을 꼽을 수 있다.

자기효능감이 낮고 진로장애요인이 많을 경우 진로 선택의 범위를 스스로 축소시키게 되므로, 이를 파악하고 평가하여 잘못된 부분은 바로 잡는 과정이 반드시 필요하다. 긍정적이고 현실적인 시각을 갖춘 이후에 자신의 성격과 흥미 및 적성, 직업 가치관을 확인해야 자신에게 잘 맞는 직업을 선택할 수 있다. 해당된 직업 정보를 수집한 후 목표달성을 위해 구체적인 진로계획을 수립하여 실행하면 된다. 단계별로 살펴보자면 다음의 3단계로 구분할 수 있다.

1. 진로준비상태 점검하기

진로를 결정하는 데에 있어서 스펙을 쌓고 직업 정보를 정확하게 찾는 것도 중요하지만 자신이 어떤 사람인지 아는 것이 더 중요하다. 스스로에 대해 제대로 알지 못하고 부정적으로 지각할수록 진로를 결정하기 힘들어지기 때문이다. 또 자신과 가까운 사람들의 태도도 중요하다. 그들이 당사자의 진로 선택을 인정하지 않고 자꾸 간섭하고 반대하거나, 너무 큰 기대를 가지고 있다면 원하는 방향으로 진로를 선택하지 못하기도 한다. 이러한 장애물이 있다면 실제 자신의 능력에 맞는 도전을 하지 못하기 때문에 자신을 가로

막고 있는 장애요인들을 하나하나 점검하고 새롭게 다듬는 작업이 먼저 이루어져야 한다. 진로탐색을 방해하는 장애요인*에 관한 연구들을 살펴보면 대인관계 어려움, 자기명확성 부족(의사결정 어려움과 자신감 부족), 경제적 어려움, 중요한 타인과의 갈등, 직업정보 부족, 나이 문제, 신체적 열등감, 흥미 부족, 미래에 대한 불안을 꼽고 있다.

대학상담센터에서 근무할 때 진로상담을 위해 대학생들을 대상으로 진로준비에 방해되는 요인을 조사했었다. '진로탐색장애검사'에서 나타나는 결과 이외에 학생들이 가장 많이 체크했던 요인은 '내 적성을 모른다, 정서적인 부분이 힘들다, 성적이 부족하다, 자신감이 부족하다, 시간관리가 잘 안 된다'였다.

내가 흥미를 느끼고 있는 분야를 선택하려다가 망설이게 되고 하지 말아야겠다며 접게 만드는 요인이 무엇인지 살펴보자. 부모님의 반대인지, 경제적 어려움인지, 사람들과 부딪힐까 봐 두려운지, 미래가 보장되어 있지 않아서인지.

진로장애요인이 많을 경우 진로 선택의 범위를 스스로 축소시키게 되므로, 이를 파악하고 평가하여 잘못된 부분은 바로 잡는 과정이 반드시 필요하다.

---

* 진로탐색장애검사 설문지를 실시하여 영역별로 점검할 수 있다. 〈한국대학생 진로탐색장애검사(KCBI)의 개발 및 타당화 연구〉(김은영, 2001)를 참고하기 바란다.

2. 자기 자신 이해하기

진로를 찾기 위해서는 무엇보다 자기 자신을 알아야 한다. 부모가 원하는 직업이나 언론에서 말하는 성공이 아니라 내가 진정으로 원하고 가슴 뛰는 일이 무엇인지를 스스로 찾아봐야 한다.

한 가지 조건이 있다. 나이, 성별, 재산, 능력, 외모 등 그 어떠한 것이든 모두 접고 딱 하나의 생각 즉, 내가 어떻게 살면 행복할 것 같은지만 꿈꾸고 상상해 보라. 장래희망에 대한 질문을 들었을 때 '대통령이요, 연예인이요.'라고 대답하는 어린아이처럼 천진난만하게 꿈꿔 보자. 민망하다고? 뭐, 어떤가. 내가 꿈꿔 보겠다는데. 당신이 상상을 시작한 순간부터 그 어떠한 제한도 스스로에게 두지 않아야 한다.

제약이나 제한 없이 꿈을 생각해 보라고 하면 어떤 사람은 금방 자신이 무엇을 원하는지, 어떻게 살고 싶은지 정리가 되는 사람도 있지만 아무래도 안 된다며 현실에 갇혀 있는 사람들도 있다. 그럴 때는 하나씩 하나씩 망설이게 하는 마음속 짐들을 살펴본다. 진로 상담을 받으러 오는 사람들과 상담을 통해 이런 과정을 진행하다 보면, 누구에게나 오랫동안 마음속 구석에 묻어 두어 있는지조차 몰랐던 소소한 꿈들과 호기심이 담긴 주머니를 발견하게 된다. 그 잊고 있던 꿈들이 퍼즐 조각처럼 맞춰지고 본래의 색깔을 찾으면, 질끈 감고 있던 눈을 뜰 수 있는 용기와 열정이 생긴다. 그 어떠한 제약도 하지 말고 마음껏 꿈꿔 보라는 나의 주문을 따를 수만 있다면 당신은 지금까지와는 전혀 다른 삶을 살아갈 것이다.

한 번에 다 적을 수도 있겠지만, 여러 차례 수정을 하게 될 수도 있다. 정 생각이 나지 않는다면 틈틈이 생각 날 때마다 메모를 해 두면 좋다. 당신이 자신에 대해 진지하게 관심을 갖기 시작하면 신기하게도 당신의 마음이 당신에 대해 더 자주, 더 구체적으로 알려 줄 것이다. 우리가 꿈에 대해 관심을 가지고 기록하거나 분석하기 시작하면 더 자주 꿈이 선명하게 기억나듯이 말이다.

먼저 내가 좋아하는 활동이 무엇인지 써 보자. 아주 사소한 거라도 좋다. 직업과 연결되지 않고 돈과는 거리가 먼 활동이어도 좋다. 무엇이든 상관없으니 내가 좋아하고 재미있어하는 활동들을 적어보자. 많으면 많을수록 좋다.

예를 들자면, 이렇게.

내가 좋아하는 활동 / 직업 _예시

- 사람과 함께 있는 게 좋다.
- 사람을 돕는 게 좋다. 단, 몸을 사용하기보다는 대화를 통해.
- 사람들이 자신의 비밀 이야기를 자주 해 주고 그 이야기를 듣는 게 좋다.
- 마음이 아픈 사람들, 사람들과 못 어울리는 사람들을 보면 거의 반사적으로 마음이 가고 어느새 다가가서 이야기하고 있다.
- 사람들이 성장하는 모습을 보는 게 좋다.
- 가르치는 일이 재밌고, 특히 인생을 되돌아볼 수 있거나 깨우침을 줄 수 있는 내용을 가르치고 싶다.

- _____ / _____
- _____ / _____

　다 적고 난 뒤, 적어 놓은 것 중에 비슷한 활동끼리 묶고 가장 좋아하는 활동이 무엇인지 순위를 매겨 보자. 그다음은 같은 방법으로 잘하는 것이 무엇인지에 대한 순위를 매긴다. 이때 주의할 점은 타인과 비교하지 않고, 내가 가진 능력 중에서 무엇을 더 잘하느냐를 상대적으로 살펴보면서 순위를 정하는 것이다. 만약 내가 잘하는데 적지 않은 활동이 있다면 새롭게 추가해도 된다.

　여기까지 작성했다면, 각각의 활동들과 연결된 직업을 적어 본다. 또는 반대로 내가 관심을 가지는 직업을 적고 그와 연관된 활동들을 추가로 적으며 내가 좋아하는 활동과 직업을 연결해서 생각해 봐도 좋다. 그러면 '막연하게 하고 싶다'라는 게 아니라, '내가 정말 좋아하는지'와 '꾸준히 할 수 있겠는지'를 점검할 수 있다.

　직업과는 상관이 없더라도, 내가 꼭 하고 싶고 하기를 원하는 활동이 있다면 이를 잘 지지해 줄 수 있는지도 직업 선택의 중요한 조건이 된다. 예를 들어 취미생활을 다양하게 하고 싶다면 적어도 퇴근 이후에 여가 시간을 가질 수 있는 직업을 선택해야 할 것이다.

　이렇게 생각을 하다 보면 자연스럽게 다음 단계로 넘어가게 된다. 바로 내가 직업에 대해 가지고 있는 가치관을 점검하는 것이다. 직업을 선택함에 있어, 어떤 점이 가장 중요한지를 살펴본다. 예를 들면 정년이 보장되는지가 가장 중요하다면 직업 선택에서 제일 중요한 요소는 안정성일 것이다. 혹은 보수가 많아야 하는지, 보람을 느낄 수 있는지, 성취감을 느낄 수 있는지, 스트레스가 비교적 적은지, 복지가 잘되어 있는지, 야근이 없고 정해진 시간에 퇴근하는지, 독립적으로 일하는지, 남들이 다 알아주는 유명한 분야이거나 회사인지…… 내가 직업을 고를 때 가장 중요하게 여기는 게 무엇인지 적어보고 우선순위를 정한다.

아래에 제시된 방법을 통해 자신의 직업 가치관을 점검해 보자.

직업을 선택할 때 중요한 것 _예시

- 내가 꾸준히 흥미롭고 재밌게 일할 수 있는 분야인가? (흥미, 재미)
- 직업에서 하는 일이 내게 의미와 가치가 있는가? (의미)
- 높은 보수로 내가 원하는 삶의 질을 충족시켜 주는가? (재정)
- 얼마나 안정되게 그 직업을 유지할 수 있는가? (안정성)
- 그 직업을 가질 때 내가 얼마나 성과를 낼 수 있는가? (성취)
- 사람들이 알아주는 명예로운 직업인가? (명예)
- 독립적으로, 혹은 협력해서 일하는가? (일하는 방식)

직업을 선택할 때 중요한 것 _작성

- _____
- _____
- _____
- _____

상담심리사가 되고 싶은 이유와 동기 _작성

- _____
- _____
- _____

위에 적은 내용을 바탕으로 나에게 중요한 직업가치관을 정리하고 순위를 매긴다.

나만의 직업 가치관 우선순위 _작성

1. _____
2. _____
3. _____
4. _____
5. _____

그렇다면 이제 정리된 가치관을 기준으로 내가 그동안 관심 있었던 직업들을 점검해 보자. 직업명 옆에 내가 가장 중요하게 여기는 가치관을 순서대로 적는다. 이때 10점 만점을 기준으로 해당 직업이 각각의 가치관을 얼마나 충족시키는지 점수를 적은 후 합산한다. 총점을 계산하면 최종 직업 순위가 나온다.

가치관 기준에 따른 직업 순위 _예시

관심 있는 직업	가치관 1 : 보람·의미	가치관2 : 보수	가치관3 : 안정성	총점	순위
연구원	6	6	9	21	3
대학 교수	8	8	8	24	1
대학교 전임상담원	10	7	5	22	2

가치관 기준에 따른 직업 순위 _작성

관심 있는 직업	가치관 1 : 보람·의미	가치관2 : 보수	가치관3 : 안정성	총점	순위

자, 이제 마지막으로 가장 중요한 한 가지가 남았다. 여기서 완전히 순위가 뒤바뀔 수도 있기 때문에 이 부분은 꼭 점검해야 한다. 그 직업을 얻기 위해 꼭 갖추어야 할 조건을 적어 보자. 직업별

로 조건을 적은 후 과연 내가 그 조건을 충족시키기 위한 대가를 치를 수 있는지 신중하게 점검하는 것이다. 흥미도 있고 잘할 수 있는 데다 내 가치관과도 맞는 직업이라 할지라도 그 직업을 갖기 위해 치러야 할 대가가 도저히 감당되지 않는다면, 그다음 순위의 직업을 선택하는 게 낫다. 조건을 살펴본 후 내가 원하는 직업을 최종적으로 선택한다.

혹은 상대적으로 조건을 쉽게 충족시킬 수 있는 직업을 먼저 하면서 내가 가장 원하지만 조건이 까다롭고 갖추기 어려운 직업을 준비할 수도 있다. 일생 동안 여러 직업을 가질 수 있는 만큼 우선순위에 따라, 혹은 각각의 직업에서 요구하는 기준에 따라 단계별로 이뤄 가면서 성취되는 만큼 직업을 바꿀 수도 있다. 교수가 되고 싶은 경우, 먼저 연구원으로 취직해서 좋은 논문을 꾸준히 내고 강의 경력을 쌓은 후 어느 정도 조건을 충족시켰을 때 교수로 옮긴다거나, 상담교사를 하다가 휴직하고 박사 학위를 마친 후 교수로 옮겨 가기도 한다.

직업 선택의 조건과 대가 _예시

희망 직업	조건	대가
대학교수	박사 학위 취득	4~5년 걸림, 학비
	전문가 1급 자격증 취득	3년 이상 걸림, 수련 비용
	강의 실력	매년 강의 진행, 우수 평가

| 대학교수 | 연구 경력 | 매년 등재지 논문 1편 이상 |

직업 선택의 조건과 대가 _작성

희망 직업	조건	대가

 스스로 생각하면서 자신에게 맞는 직업을 찾아보는 게 가장 효과적인 방법이지만, 도저히 모르겠거든 간단한 심리검사를 받아보는 것도 좋다. 혹은 검토하는 차원에서 자신이 작성한 직업 리스트와 심리검사 내용이 일치하는지 살펴볼 수도 있다. 단, 대부분의 심리검사는 내가 나와 비슷하다고 생각되는 문항을 선택한 것이므로 내 생각이 바뀌면 결과 또한 바뀔 수 있다는 점을 알아둘 것. 이런 검사들은 객관적인 능력 검사가 아니기 때문에 검사 결과에 너무 얽매이지 말고, 자신을 알아가는 참고자료로만 보면 좋다. 나를 가장 잘 아는 건 어디까지나 나 자신이다.

다음은 진로 탐색에 관한 심리검사를 실시하는 사이트이다.

워크넷 www.work.go.kr

워크넷 홈페이지에서 연령에 따라 다양한 직업 심리검사를 실시한 후 바로 결과를 볼 수 있으며, 상담을 신청하면 가까운 고용센터에서 검사결과에 대한 해석을 받을 수 있다. 또한 직업정보, 관련 학과, 직업 및 진로 자료들을 검색할 수 있어서 아주 유용하다.

커리어넷 www.career.go.kr

홈페이지에서 연령에 따라 온라인으로 심리검사를 실시한 후, 바로 결과를 볼 수 있다. 결과에 대한 상담을 받고 싶은 경우 궁금한 부분들을 게시판에 작성하면 답글을 받아볼 수 있다. 직업세계, 학교 및 학과에 대한 구체적인 정보를 검색할 수 있어서 유용한 사이트이다.

어세스타 온라인 심리검사 www.kpti.com

진로를 알아볼 때 많이 사용하는 유료 심리검사는 성격검사(MBTI)와 직업흥미 검사(STRONG, HOLLAND)가 있다. 직업흥미검사는 같은 내용을 측정하기 때문에 둘 중 하나만 선택해서 받으면 된다. HOLLAND는 온라인 검사가 불가능하므로 직접 기관에 가서 받아야 한다.

3. 나만의 로드맵 그리기

지금까지 내가 원하는 직업을 살펴보았으니, 이제 나만의 진로를 그려 보자.

상담을 전공하더라도 직업에는 다양한 길이 있다. 교수, 연구원, 현장 전문가, 작가, 상담센터 소장 등. 이 중 하나의 길만 갈 수도 있고 여러 개를 겸해서 갈 수도 있다.

당신의 꿈을 이루는 길은 얼마든지 바뀔 수 있다. 처음에 작성한 로드맵이 완벽해야 한다거나, 반드시 지켜야만 하는 계약서가 될 필요는 없다. 나 또한 인생을 살아오면서 여러 차례 로드맵이 바뀌었지만, 내가 궁극적으로 하고 싶고 해내고 싶은 큰 그림에 대해서는 확신을 가지고 걸어가고 있다.

인생을 살면서 겪는 무수한 갈림길 앞에서 가장 좋은 선택은 내가 원하고 내가 갈 수 있는 길을 가는 것이다. 내가 선택한 길이 바로 내 인생의 정답이기 때문에, 그 누구와 비교할 필요도 없다. 당신만의 그림을 그리기 시작했다면 마음껏 그려 보라. 그리고 그 그림이 어느 정도 완성되었을 때 그 그림을 현실에서 이루기 위해 지금부터 무엇을 해야 하는지 구체적으로 알아보고 기록해 보라. 가능하다면 막연하더라도 노년기까지 그림을 그려 보는 게 더 폭넓은 시야에서 지금의 내 위치를 파악할 수 있게 해 준다. 하지만 너무 어렵다면 1년에서 5년 정도의 단기간의 그림만 그려 봐도 좋다. 지금 이 순간만 보는 게 아니라 조금이라도 장기적인 관점에서 내 인생을 바라보면, 자칫 남들이 좋다고 말하는 길을 걷거나 혹은 지금 현재의 필요를 채우는 데 급급해서 내 몸에도 맞지 않는 옷을 입은 채 힘겹게 떠밀려 가는 걸 막을 수 있다.

이토록 누누이 말하는 이유는 그만큼 현실의 제약을 접고 꿈꾸는 게 쉽지 않기 때문이다. 특히 자신이 만든 콤플렉스나 열등감이 있을 경우엔 자신이 그 울타리에 갇혀 있는지조차 모르는 경우가 많다. 당신이 바라보는 세상이 자신이 특수제작한 선글라스를 통해서 보는 건 아닌지 잘 살펴보기 바란다. 도저히 자신의 힘으로는 못 벗겠다면 전문가에게 도움을 요청하는 것도 좋다.

자, 그럼 이제 나 자신에게 물어보자.

'나에게 아무런 제한이 없다면, 뭐든지 할 수 있다면 가장 되고 싶은 모습이 무엇인가?'

자신의 미래 모습 시각화하기
내가 가장 하고 싶은 일을 하는 장면을 상상해서 그림으로 그리거나 글로 묘사하기

진로 로드맵 _예시

시기	하고 싶은 일	하고 싶은 일을 이루기 위해 해야만 하는 일
20대	상담심리학 석사 취득 상담기관 취업, 상담실력 배양 상담관련 자격증 취득 (심리학 교사, 전문 상담 교사, 임상심리사, 전문 상담사 등)	학교 탐색 및 결정 학과 공부 매진 자격증에 필요한 시험 공부와 수련 조건 채우기
30대	상담심리전문가 자격증 취득 나만의 분야탐색 (강의 실력 배양, 상담 분야 넓히기) 결혼과 육아, 상담 관련 책 출판	자격증 이론 시험 공부 자격증 수련 조건 채우기 다양한 상담기관 근무 강의 경험 쌓기 주제 탐색 및 책 집필
40대	박사 학위 취득 미국 상담전문가 자격증 취득	학교 탐색 및 지원 꾸준한 영어공부, 학과공부 매진 논문 쓰기 수련 과정 포기하지 않기 관심 분야 깊이 있게 공부/교육받기
50대 ~ 70대	나만의 분야에서 국제적으로 왕성한 활동 (강의, 수퍼비전, 컨설팅, 상담)	나만의 주 분야 결정 및 꾸준한 활동 최소 10% 이상은 무료봉사 재정 및 건강관리
80대 ~	남편과 세계 여행, 자원봉사	꾸준한 봉사, 재정 및 건강관리

진로 로드맵 _작성

위에서 그린 멋진 모습을 현실에서 이루려면 연령대별로 어떻게 준비하면 좋을지 생각하여 적어 보자. 혹은 내 인생의 단계마다 무엇을 하며 어떻게 살면 행복하거나 즐거울 것 같은지를 적어 보아도 좋다. 얼마든지 바뀔 수 있으니 마음 편히 적어 보자.

시기	하고 싶은 일	하고 싶은 일을 이루기 위해 해야만 하는 일
20대		
30대		
40대		
50대		
60대		
70대		
80대		
90대		

상담자가 되기 위해 필요한 자격증

상담 분야의 직업을 부르는 명칭은 통일되어 있지 않다. 상담원이나 상담자로 부르거나 자격증 명칭으로 부르기도 한다. 이 분야의 자격증은 한국상담심리학회와 한국상담학회에서 수여하는 학회 자격증과 국가에서 수여하는 청소년상담사, 전문상담교사 자격증으로 구분된다. 그리고 상담 전공자가 취득할 수 있는 임상심리사 자격증으로는 산업인력공단에서 수여하는 임상심리사가 있다. 여기서 소개할 자격증은 상담 분야의 현장에서 가장 많이 요구되는 자격증으로, 저자가 취득한 자격증을 중심으로 안내하고자 한다.

대학교 수료하거나 졸업한 경우	청소년상담사 3급, 직업상담사 2급, 전문지도자 자격증
대학원 석사 수료인 경우	청소년상담사 2급
대학원 졸업한 경우	자격증별로 요구하는 수련 조건이 다르긴 하지만 위에서 제시한 모든 자격증 취득을 위한 지원이 가능하다

1. 자격 취득 절차

자격시험(필기)			자격심사(면접)			자격증발급
1단계	2단계	3단계	4단계	5단계	6단계	7단계
상담경력& 과목이수 충족	필기 서류 심사	필기 시험	최소 수련 요건 충족	면접 서류 심사	면접심사	자격증 발급

2. 학회자격증

상담심리사, 전문상담사

한국상담심리학회는 1973년부터 상담심리사를 배출해 왔으며, 자격증은 상담심리사 1급(상담심리전문가)과 2급으로 나뉜다. 한국상담학회는 2001년부터 전문상담사 1, 2, 3급을 배출해 왔고, 현재는 1급과 2급을 통합하는 과정에 있다. 엄밀하게 보면 상담은 2급 자격증을 취득한 사람부터 실시할 수 있으므로, 취업을 하려면 학회자격증을 따야 한다. 더군다나 관리직이나 여러 다양하고 좋은 조건을 제공하는 기관이나 직무일수록 1급 자격증이 있어야 지원이 가능하므로, 상담 분야에서 오랫동안 자유롭게 활동하려면 1급 자격증을 취득하는 것이 좋다.

한국상담심리학회는 심리학을 기반으로 하는 학회이며, 한국상담학회는 교육학을 기반으로 하고 있다. 그러므로 자신이 어떠한 관점이 맞는지 잘 살펴보고, 전공에 따라 둘 중 하나를 중점적으로 준비하거나 수퍼바이저로 양 학회에서 활동하고 싶다면 두 학회 모두 준비해도 좋다.

전문가 자격은 석사 졸업생에 한해 지원이 가능하다. 필기시험에 합격한 후 접수면접, 개인 및 집단상담, 심리검사 실시 및 해석상담, 상담사례 발표 및 수퍼비전, 학회 및 사례 토의 모임 참석, 학회지 논문 게재 등 영역별로 학회에서 급수에 따라 제시한 기준만큼 해내야 한다. 시간을 아끼기 위해 관련 요건을 꼼꼼히 따져보고 석사과정 중에 미리 준비하면 좋다. 보통 2급은 석사 수료 또는 졸업 후 1년 내외로 취득하며, 1급은 3~5년 정도의 시간이 소요된다.

자격증 응시를 위해 지원할 때 상담 관련 전공으로 석사과정 중에 반드시 이수해야 하는 상담과목이 4개, 기초과목이 1개이므로, 진학하려는 대학원에 해당 과목이 개설되는지 사전에 확인할 필요가 있다.

현재 필기시험과목은 2급은 상담심리학, 발달심리학, 이상심리학, 학습심리학, 심리검사 총 4과목이며, 1급은 상담 및 심리치료이론, 집단상담 및 가족치료, 심리진단 및 평가, 성격심리 및 정신병리, 심리통계 및 연구방법론 총 5개 과목에서 평가를 받고 있다.

또한, 상담자는 자격을 취득한 이후 전문적인 상담 활동을 통해 내담자의 개인적인 성장을 넘어 국민의 심리적 안녕을 도모함으로써 사회적 공익에 기여한다. 이러한 책무를 다하기 위해 전문성, 성실성, 사회적 책임, 인간 존중, 다양성 존중의 원칙을 따르며, 구체적인 윤리강령을 숙지하고 지키기 위해 매 순간 노력한다.

3. 국가자격증

1) 청소년상담사

국가에서 청년기본법에 근거하여 2003년부터 청소년상담사 자격증을 수여하였으며, 2022년까지 1급 1,194명, 2급 13,066명, 3급 19,546명으로 총 33,817명을 배출하였다. 청소년상담기관에서 근무할 경우 반드시 취득해야 하는 자격증으로, 학회 자격증에 비해 수련 요건이 복잡하지 않아서 필기시험과 면접시험을 통과한 후 100시간(약 2주)동안 연수를 받으면 자격증을 취득할 수 있다. 3급은 대학교를 졸업하고 상담기관에서 자원봉사 경력이 있으면 지원할 수 있으며, 2급의 경우 상담과 관련된 전공 석사학위를 취득하면 지원이 가능하다. 1급 경우에만 상담 실무 관련 서류를 제출하나 이 또한 학회 자격증에 비해서는 조건이 까다롭지 않다. 그러므로 석사 수료 시점에 청소년상담사 2급을 지원하여 자격증을 취득하면 취업하기 용이하다.

2) 전문상담교사

교사 자격증이 없다면 상담교사 자격증 취득이 가능한 교과과정
이 개설된 대학원으로 진학하여 교직이수와 함께 석사과정을 마
치면 졸업과 함께 자격증을 받게 된다. 종종 조건을 충족하지 못해
서 졸업할 때 상담교사 자격증을 받지 못하는 경우가 있으므로 자
격증 취득 조건을 꼼꼼하게 알아보고 학기 중에 잘 챙겨야 한다.

3) 임상심리사

한국산업인력공단에서 주관하고 있으며, 임상심리사 1급과 2급으
로 나뉜다. 임상심리와 관련된 실습수련을 받거나 실무를 담당했
던 학부 졸업생들은 2급에 지원할 수 있다. 심리학 분야 석사 졸업
생으로 임상심리와 관련된 실습 수련이나 실무에 종사한 경우 1급
지원이 가능하다. 시험은 필기와 실기로 나뉘며, 실기시험 또한 임
상실무에 관한 문제를 제출하여 서술하는 방식으로 진행된다.

4) 직업상담사

한국산업인력공단에서 주관하고 있으며, 직업상담사 1급과 2급으
로 나뉜다. 2급 응시자격의 경우 누구나 응시할 수 있으며, 1급의
경우 직업상담사 2급 자격을 취득한 후 해당 실무에서 2년 이상
종사하거나 해당 실무에서 3년 이상 종사한 자가 시험에 응시할
수 있다. 시험은 필기와 실기로 나뉜다.

4. 현장에서 유용한 전문지도자 자격증

정부산하기관인 한국청소년상담복지개발원에서 개발한 상담 프로그램을 진행할 수 있는 자격증이 있다. 대한민국 청소년들의 주요 위기문제들을 해결하기 위해 개발된 상담 프로그램들로 무척 유용하다. 다양한 프로그램들이 있지만, 전문지도자 과정이 있는 프로그램만 선정하여 소개하고자 한다. 관심이 있는 사람들은 홈페이지에 가면 여러 다른 프로그램에 대한 소개와 현재 진행되고 있는 교육 일정과 지원조건 등 구체적인 정보를 얻을 수 있다. 해당 프로그램의 지도자 양성 교육을 받은 후 실제로 프로그램을 운영한 실적을 인정받으면 전문지도자 자격을 취득할 수 있다.

전문지도자는 지도자를 양성하는 교육을 진행할 수 있으며, 해당 프로그램을 초·중·고등학교 또는 대학교나 상담 관련 기관에서 해당 프로그램을 유료로 진행할 수 있다. 현장에서 수요가 많은 프로그램인데다 국가에서 개발해서 교육비가 무료이거나 워낙 저렴하고 단기간에 자격을 취득할 수 있어서 많은 상담자가 교육을 받고 있다.

1. 솔리언 또래상담 전문지도자
2. 자살예방 전문지도자
3. 이음부모교육 전문지도자
4. 올틴품성계발 전문지도자

5. 청소년 인성교육 전문지도자

6. 인터넷 중독 전문가(한국지능정보사회진흥원, 한국청소년상담복지개발원)

상담심리전문가가 되기 위해 연구를 게을리하지 않고 자격증을 취득하는 것도 중요하지만, 그 어떤 것보다 잊지 말아야 할 한 가지가 있다. 바로 '윤리 지침'이다.

상담자는 전문가로서 능력과 자질을 향상시키며 상담받는 고객(내담자)의 복지를 최우선 순위에 둔다. 또한 전문적인 심리치료를 통해 내담자 개인뿐만 아니라 국민의 회복과 성장에 기여함으로써 사회적 공익활동에 참여한다.

이를 위해 상담자는 전문가로서의 태도를 갖추며 상담 관계에서 내담자의 복지와 권리를 존중하며 내담자의 정보를 보호하고, 내담자 상태에 맞는 심리평가를 실시하며 해석한다. 또한 윤리적 문제가 생겼을 때 이를 해결하기 위한 적법한 절차를 준수하며 더 나아가 사회적 책임을 진다. 이외에 수퍼바이저들은 상담자들을 교육지도 하는 수련 감독의 의무를 진다.

전문가에게 상담을 받기 전 내담자는 자신의 권리를 확인하기 위해서, 예비 상담자는 전문가 과정에서 갖추어야 할 자질과 태도를 확인하기 위해서 내용을 미리 검토해 보는 것도 좋다.

각각의 세부 영역들에 대한 구체적인 지침은 한국상담심리학회 홈페이지 게시판에서 확인할 수 있다.

※참고

(사)한국상담심리학회 상담심리사 자격증 취득 과정 매뉴얼(2023)의 내용을 참고하였으며, 자격증 취득을 위해 회원가입부터 마지막 심사까지 진행되는 전체 과정을 아주 상세하게 안내하고 있다. 매뉴얼과 윤리강령은 학회 게시판에서 회원가입 후 확인이 가능하다.

· 한국상담심리학회 www.krcpa.or.kr
· 한국상담학회 www.counselors.or.kr

부록 3

상담자의 취업 분야

상담을 공부하다 보면 과연 어디에 취업할 수 있는지가 궁금할 것이다. 자신에게 잘 맞는 연령대, 선호하는 상담 영역을 안다면 선택하기가 훨씬 수월하겠지만 그림이 그려지지 않을 때는 우리나라에 어떤 상담기관들이 있는지 먼저 살펴보고 그중에 가장 호기심이 생기는 분야를 선택해도 좋다.

원한다면 인터넷에서 얼마든지 정보를 찾아볼 수 있지만 어떤 기관들이 있는지, 그 기관들이 어떤 상담을 하는지 전혀 모르면 검색이 지극히 한정적일 수밖에 없다. 일단 상담 전공자들이 갈 수 있는 다양한 상담기관을 구체적으로 살펴보고 진로를 탐색하는 과정에서 시야를 넓혀서 여러 각도로 자신을 점검해 보는 것이 좋다.

졸업생들은 대부분 전국에 있는 대학교, 청소년상담복지센터, Wee센터에 풀타임 직원으로 지원하거나 병원, 개인연구소, 사회복지관에서 파트나 풀타임으로 상담을 하게 된다. 이외에도 기업,

국방부, 법무부, 법원 등 다양한 기관들이 상담자를 채용하고 있고 우리나라 위기상담 영역들을 특화하여 해당 분야만 상담하는 기관들이 증가하는 추세여서 일사리는 점점 더 확대되고 있다.

상담심리사 1·2급(한국상담심리학회), 전문상담사 1·2급(한국상담학회) 자격증을 소지할 경우, 대체적으로 심리상담 관련 기관에 취업이 가능하다. 단, 기관에 따라 자격요건이 상이할 수 있으니 반드시 기관 홈페이지 내 구인공고에서 지원 자격요건을 확인해 보길 바란다.

심리상담이 기관 내 프로젝트로 진행되는 경우, 홈페이지 주소가 따로 없을 수도 있다. 이런 경우, 한국심리학회, 한국상담심리학회, 한국상담학회, 한국임상심리학회 홈페이지를 통해 기관 구인모집이 되니 참고하면 된다.

상담자의 취업 분야에 대한 전반적인 가이드라인이지만 매년 지원요건 및 자격 사항이 변동될 수 있는 점 감안하여 관심 있는 기관 및 학회 홈페이지에서 최신정보를 확인할 수 있다.

1. 대학생 상담

대학마다 대부분 재학생을 위한 상담 서비스를 제공하는 기관을 운영하고 있다. 일반적으로 심리상담을 제공하는 학생상담센터와 취업 및 진로 지도를 주로 제공하는 경력개발센터, 성희롱 및 성폭력 상담을 제공하는 성폭력상담센터를 운영하는데, 학교에 따라 운영시스템이 다르다.

학생상담센터가 단과대별로 운영되는 학교가 있는가 하면, 상담센터 한 기관에서 취업이나 성폭력 등 여러 업무를 겸해서 운영하기도 한다. 심리상담을 제공하는 학생상담센터는 학회에서 발급하는 상담사 자격증(2급 이상)을 취득한 사람을 선발하여 개인 및 집단상담, 심리검사, 특강 등을 기획하여 진행하며 매해 신입생을 대상으로 설문조사한 결과를 바탕으로 보고서를 작성한다. 학교에 따라서 인턴을 선발하여 수퍼비전을 제공하며 전문가 자격 취득을 위한 수련 프로그램을 진행하기도 한다.

2. 청소년 상담

2023년 기준, 전국에 240여 개의 청소년상담복지센터가 운영되고 있으며, 지역 청소년상담기관을 지원하기 위한 중앙기관으로 한국청소년상담복지개발원이 있다. 중앙기간에서는 청소년과 관련된 다양한 상담 프로그램을 연구 개발하여 보급하며, 현장 전문가들의 실력 향상을 위한 상담 교육과 청소년상담사 자격증 취득을 위한 연수를 진행한다. 또한, 청소년의 핵심 문제 해결을 위한 여러 중요한 사업을 기획하고 관리하고 있다.

청소년상담기관인 청소년상담복지센터는 청소년기본법에 따라만 8세부터 24세까지 이용이 가능하며, 청소년 자녀를 둔 부모를 대상으로 부모 상담도 진행한다. 청소년 상담사, 학회 상담자격증을 취득한 석사 졸업생들을 대상으로 풀타임으로 근무하는 상담직원과 전일제 동반자, 파트로 근무하는 시간제 동반자를 선발한다. 개인상담, 집단상담, 심리검사, 여러 상담 프로그램 및 사업을 운영하고 매년 실적 및 예산 집행 결과를 보고한다.

1) 심리상담

① Wee 프로젝트 www.wee.go.kr

청소년 심리상담은 학교에서는 Wee클래스, 지역교육청에서는 Wee센터, 시·도교육청에서는 Wee스쿨, 가정형 Wee센터, 병원형 Wee센터를 운영하고 있다. Wee 프로젝트는 학교와 교육청, 지역사회가 연계하여 학생들의 건강하고 즐거운 학교생활을 지원하는 다중 통합지원 서비스로, 학습부진 및 학교부적응 학생뿐 아니라 일반 학생들에게도 행복한 학교생활을 할 수 있도록 도와준다.

Wee클래스는 각 학교 내에 설치된 상담실로 학교 적응을 위한 개인상담, 자기표현이나 감수성 훈련, 진로탐색 및 소질계발, 학습클리닉 등의 다양한 개별 및 집단 프로그램을 운영한다.

Wee센터는 상담 서비스와 학생의 잠재력, 학교 및 사회적응력, 글로벌 리더십 등을 향상 시키는 다양한 프로그램을 진행한다. 임상심리사(심리검사 및 사례 진단), 전문상담사(가정폭력, 학교폭력, ADHD 등의 위기 유형별 상담), 사회복지사(장학금 및 복지제도 연계상담)가 전문서비스를 제공한다.

Wee스쿨은 학년과 학급이 구분되지 않은 통합교육과정으로 운영되며 학교 교육 이외에도 심성 교육, 직업 교육, 사회적응력 프로그램 등을 함께 지원한다. 학생들의 자아존중감과 성취감을 높여 주는 학습과정을 우선으로 하여 교원, 전문상담교사, 전문상담사, 임상심리사, 사회복지사 등 전문가팀이 상주하면서 학생들과 학교생활을 같이 한다.

② 청소년심리지원센터 사이 쉼 www.gangnam.go.kr

청소년심리지원센터 사이 '쉼'은 서울시 강남구의 예산을 받아 설립되었으며, 심리적인 어려움을 경험하는 청소년과 바쁜 일상 속에서 잠시 쉬어가고 싶은 청소년들을 위한 기관이다. 사이 '쉼'은 아동·청소년 정신건강 증진사업으로 개인 및 집단상담, 심리신경학적 정신건강평가, 뉴로피드백 훈련, 매체 상담(놀이치료, 모래치료 등), 부모교육, 고위험군 취약계층 정신건강 지원사업, 학교 정신건강 사업, 지역특화(학원가) 정신건강 사업, 정신건강 문화조성사업(쉼공간 사이터 운영)을 지원한다.

지원기준은 정신건강임상심리사1급, 임상심리전문가, 상담심리사, 청소년상담사2급 이상 자격증을 소지한 자에 한해 채용된다.

2) 정서 행동 장애

국립중앙청소년디딤센터 www.nyhc.or.kr

새단법인 한국청소년희망재단에서 운영되며, 9세~18세 정서행동 장애 청소년을 대상으로 단기(11박 12일)와 장기(1개월, 4개월)로 구분 하여 상담 및 프로그램을 진행한다. 센터에 입교하여 숙박하면서 개인 및 집단상담, 진로탐색 및 자립 프로그램, 대안 교육 등을 받 는다.

3) 가출·비행 청소년

① 학교밖청소년지원센터 꿈드림 www.kdream.or.kr

9세~24세 '학교 밖 청소년'을 대상으로 청소년 심리·진로·가 족·친구관계에 대한 상담지원, 학업중단숙려제(학업중단 징후 또는 의 사를 밝힌 초·중·고 학생 및 학부모에게 Wee센터(Wee클래스), 청소년상담복지센터 등 에서 외부 전문 상담을 받으며 일정기간 숙려하는 기간을 갖도록 하는 제도), 교육지 원, 직업체험 및 직업교육훈련 지원, 자립지원, 건강검진 등 서비 스를 제공한다.

지원기준은 청소년 관련 분야의 학사학위를 보유하거나 관련 실 무경력이 2년 이상인 사람, 청소년상담사·청소년지도사·사회복 지사·직업상담사 자격증 소지자, 학교밖청소년 관련 실무경력이 5년 이상인 사람에 한해서 채용된다.

② **청소년쉼터** www.jikimi.or.kr

청소년 쉼터는 가출문제를 가진 청소년을 위해 일시보호 및 개인 상담, 부모상담, 집단상담, 가족상담 등 제공한다.

자격기준은 상담복지 분야 학사학위를 보유하거나 관련 실무 경력이 2년 이상인 사람, 청소년상담사·청소년지도사·사회복지사·임상심리사·가족상담전문가 중 자격증 소지자, 근로자직업능력 개발법에 따른 직업능력개발훈련교사 자격증 소지자에 한해 채용된다.

4) 다문화 상담

이주배경청소년지원재단 www.rainbowyouth.or.kr

청소년복지지원법 제18조에 따른 이주배경청소년(탈북청소년, 다문화청소년, 중도입국청소년 등)이 한국 사회에 적응하고 잘 정착할 수 있도록 교육 및 심리정서지원을 하고 있다. 심리정서지원은 부모 혹은 청소년 본인이 이주의 경험을 지닌 9세에서 24세 이하의 연령에 속한 사람들에게 개인상담, 집단상담 등의 형태로 진행되고 있으며, 이주배경청소년들의 특성과 상황을 고려하여 대면 및 비대면, 찾아가는 상담 등 다양한 형식으로 지원한다. 그 외에도 이주배경 청소년의 건강한 지지체계 형성을 위하여 필요시에 부모상담 및 부모교육도 제공한다.

지원기준은 심리학, 상담학, 사회복지학, 교육학, 청소년학, 가족

학, 아동학 등 관련학과 전공자로 청소년상담사 · 상담심리사 · 전문상담사 · 정신건강임상심리사 · 임상심리전문가 · 임상심리사 · 사회복지사 · 전문상담교사 자격증 소지자에 한해 채용된다.

5) 성소수자 상담

청소년성소수자위기지원센터 띵동 www.ddingdong.kr

사단법인 청소년성소수자위기지원센터 띵동은 위기 상황에 놓인 청소년 성소수자를 상담하고 지원하는 활동을 하는 기관이다. 청소년 성소수자들이 신체적 · 정신적 안녕을 보장받고, 성적지향 및 성별 정체성에 대한 자아존중감을 바탕으로 주체적인 삶을 살 수 있도록 조력하는 기관으로 띵동 공간이용, 생활물품 지원, 주거연계, 의료상담 및 지원, 법률상담 및 지원, 지속적인 심리상담, 긴급 생활비 등 지원을 한다. 여기서 심리상담은 청소년 성소수자들이 가족이나 친구 관계 등 주변인과의 관계문제, 트라우마 극복, 자살위기 상담 등 다양한 심리적 어려움에 대해 전문심리상담을 연계시켜주는 역할을 한다.

3. 성인 상담

서울시심리지원센터

서울심리지원센터는 만19세 이상 일반 서울시민(서울 소재 직장인 및 학생)을 대상으로 스트레스 완화, 심리적 장애의 예방, 심리적 건강, 행복증진을 위해 전문맞춤 심리지원 서비스를 제공하는 기관이다.

지원기준은 심리지원 서비스와 관련된 학사학위를 소지하고 심리지원 관련 분야 경력 3년 이상, 국가(정신건강임상심리사, 임상심리사) 또는 민간자격증(임상심리전문가, 상담심리사, 건강심리전문가 등) 소지자에 한해 채용된다.

· 서울심리지원 1권역(동남)센터(성동, 광진, 강동, 송파, 강남, 서초)
www.psy-supporter.or.kr

· 서울심리지원 2권역(동북)센터(강북, 도봉, 노원, 중랑, 성북, 은평)
www.seoulpsy-dongbuk.or.kr

· 서울심리지원 3권역(서남)센터(강서, 양천, 구로, 영등포, 금천, 동작, 관악)
www.seoulpsy.or.kr

· 서울심리지원 4권역(중부)센터(용산, 동대문, 종로, 서대문, 마포, 중구)
www.selpsy4.or.kr

4. 가족 상담

① 이혼위기부부 상담

법원의 가사전문상담위원으로 근무할 수 있다. 법원에서 가사 재판 및 가사 조정 중인 부부들이 이혼 결정을 되돌아보고 가정환경을 다시 구조화하며 분쟁을 원만하게 해결할 수 있도록 상담을 진행한 후 관련 보고서를 제출하는 업무를 수행한다.

지원기준은 상담 관련학과 석사 이상으로 상담 관련 자격증을 소지하고 있으며 관련 업무 3년 이상의 경력자를 선발한다.

② 가족센터 www.familynet.or.kr

여성가족부가 시행하는 가족 정책을 전달하는 체계로 가족센터는 가족 내 발생하는 문제를 예방하고 가족 관계 향상, 의사소통방법 강화 등 가족을 대상으로 한 생애주기별 다양한 교육과 가족원 간의 갈등, 불화문제, 부모·자녀 상담, 임신·출산·양육에 따른 갈등상담, 이혼전·후 갈등상담 등 가족 상담 지원이 있다. 그 외에도 다문화가족, 북한이탈주민 가족, 1인 가구, 한부모 가족, 군인 가족 등 다양한 가족 유형 중 지역적 특성에 맞는 대상을 선정하여 상담교육문화가 포함된 통합 맞춤형 서비스를 제공한다.

지원기준은 가족 상담 관련 전공학과의 석사과정 이상 수료한 자, 관련 전문 학회에서 발급하는 2급 이상 자격증 소지자, 관련

266

전문 학회에 소속되어 100시간 이상 상담 실무 경력자 또는 이에 상당하다고 인정되는 경력을 가진 자, 관련 분야 석사학위를 취득한 후 1년 이상 관련 기관 상담원으로 근무한 경력이 있는 자, 관련 분야 학사학위를 취득한 후 2년 이상 기관 상담원으로 근무한 경력이 있는 자이다. 여기서 관련학과 전공 분야 기준은 상담심리, 심리학, 사회복지학, 가정학, 여성학, 아동학, 청소년학, 교육학, 사회학 등이며 관련 전문 학회 기준은 한국연구재단에 등록, 한국연구재단 등재(후보) 이상의 학술지 발간, 가족 상담 관련 자격증 발행 후 10년 경과(자격증 명칭에 '가족' 명시) 및 사단법인 자격증을 소지한 자이다.

5. 군 상담

국방부 www.mnd.go.kr

우리나라 군에는 병영생활전문상담관이 있다. 국방부 및 지역 소재 부대에서 부적응 장병을 대상으로 개인 및 집단상담을 제공하며, 박사학위를 취득한 경우 상담교관(별정직 군무원)에 지원할 수도 있다. 그 외에도 국방헬프콜(1303)로 전화하면 병역생활 고충, 군 범죄 신고, 성폭력 상담 등 상담을 받을 수 있다.

지원기준은 국방부에서 인정하여 고시한 자격증과 학력경력이 동시에 충족되어야 한다.

먼저 학력 및 경력은 다음 요건 중 하나를 충족하는 자로 ① 5년 이상의 상담경험이 있는 사람 ② 심리상담 또는 사회복지 분야와 관련된 학사학위 소지자로서 3년 이상의 상담경험이 있는 사람 ③ 심리상담 또는 사회복지 분야와 관련된 석사 이상의 학위 소지자로서 2년 이상의 상담경험이 있는 사람이다.

6. 매체 상담

매체 상담은 전화상담과 사이버상담으로 나뉜다.

1) 전화상담

생명의 전화 www.lifeline.or.kr, **사랑의 전화** www.loveaid.org

전화상담은 상담 기관에서 따로 인력을 채용하지 않고 직원들이 교대로 하는 경우가 많다. 독립된 전화상담기관의 경우(생명의 전화, 사랑의 전화 등)에는 대부분 자원봉사자들이 교육을 받아서 상담을 진행하며 위기 사례는 전문가에게 수퍼비전을 받는다. 전화상담은 대부분 성인이 이용한다.

2) 자살상담

① 자살예방전화상담 1393 www.129.go.kr

보건복지부에서 운영하는 보건복지상담센터는 기관 내 자살예방 상담팀(1393)이 있다. 1393은 대한민국 국민을 대상으로 자살예방을 위해 설치된 위기전화상담기관으로 대상·연령 상관없이 24시간 365일 전화상담을 하는 기관이다. 자살예방 전화상담 업무 외에도 내담자의 주호소문제에 따라 문제영역에 관련된 유관기관과 협력하여 사례관리를 한다.

지원기준은 상담 및 심리계열 전공자, 사회복지사, 청소년상담사, 정신건강전문요원(정신건강임상심리사·정신건강간호사·정신건강사회복지사), 임상심리사 자격증 소지자에 한해 채용된다.

② 정신건강전화상담

광역정신건강복지센터는 지역사회 중심의 정신건강사업 및 자살예방사업의 기획 및 수립, 조정, 수행하는 기관으로 정신건강문제에 대한 통합적이고 지속적인 서비스를 제공하고 있다. 이곳에서 정신건강위기상담(1577-0199)이 24시간 365일 운영하고 있으며, 각 광역정신건강복지센터의 상황에 따라 전화상담을 받고 위기상황에 직접 현장출동을 할 수 있는 시스템이 구축되어 있다.

지원기준은 간호사, 임상심리사, 사회복지사, 작업치료사 및 기타 관련 분야의 자격증 소지자에 한해 채용이 되며, 현장출동을 위해 운전자격증 소지자를 우대한다.

3) 사이버상담

사이버상담기관은 아동청소년을 중심으로 사용자가 증가하고 있어서 점점 확대되는 추세이다. 사이버상담은 게시판, 채팅, 문자로 상담을 제공하며 대면 상담에 비해 자살위기 사례가 상대적으로 많아서 상담전문가의 수퍼비전과 교육을 꾸준히 받도록 제도화 되어 있다. 사이버상담만 진행하는 독립 기관이 있는가 하면 상담 기관에서 보조 수단으로 게시판상담을 제공하기도 한다. 독립적인 기관의 경우 주로 재택근무로 이루어지며 상담 관련 학위 소지자나 관련 자격증 소지자를 선발하여 월급을 준다. 비교적 근무조건이 자유로운 편으로 학위 과정에 있는 학생들이 수업시간을 피해 근무하거나 육아나 기타 사유로 재택근무를 원하는 경력자들이 하기 좋다.

사이버1388청소년상담센터 www.cyber1388.kr

청소년상담 1388은 청소년기에 나타날 수 있는 다양한 고민(학업 및 진로, 친구관계, 가족문제, 학교폭력, 성폭력 및 성매매 등 문제, 가출고민 등) 등에 대해 청소년이 직접 매체(카카오톡·페이스북·문자상담·전화상담)를 활용하여 24시간 365일 전문상담자와 상담할 수 있도록 돕는 업무를 한다.

7. 중독 상담(인터넷·게임, 도박, 약물)

청소년상담복지센터에서 인터넷 중독 예방 및 치료사업을 하고 있으며, 인터넷중독 상담만을 특화한 상담기관들도 있다. 인터넷 중독 전문상담사는 상담에 필요한 전공, 경력 등 일정 자격요건을 갖춘자를 대상으로 자격검정 시험을 합격하고 자격연수를 이수한 자에게 한국지능정보사회진흥원장이 부여하는 민간자격이다. 이 자격을 취득한 경우, 스마트폰 과의존 예방·해소 전문기관인 전국 18개 스마트쉼센터를 비롯하여 상담 전문기관, 심리상담센터 등에서 유아, 청소년, 성인의 과의존 상담, 디지털시민 역량강화교육, 청소년 ICT진로교육 및 상담, 스마트폰 바른 사용을 위한 지역사회 인식제고 등의 직무 수행에 도움을 받을 수 있다.

1) 인터넷게임중독

① 스마트쉼센터 www.iapc.or.kr

스마트쉼센터는 전국 18개소가 설치되어 있으며, 인터넷·스마트폰을 과도하게 사용하여 학교부적응, 진로, 대인관계, 가족 갈등 등 일상생활에 어려움이 발생한 사람을 대상으로 인터넷 예방교육, 인터넷중독 개인 및 집단상담, 가정방문, 심리검사 등을 제공한다.

지원기준은 관련 분야 석사학위를 취득한 사람, 상담 관련 실무경력이 2년 이상인 사람, 상담 관련 자격증 소지자에 한해 채용된다.

② 게임문화재단 산하 게임과몰입상담치료센터 www.busangcc.or.kr

수도권, 영남권, 호남권에 설치되어 있으며, 상담치료센터에는 정신과 전문의, 정신보건 임상심리사, 상담사로 구성된 인력이 '게임 과몰입' 관련 교육, 상담 및 프로그램을 진행한다.

자격기준은 청소년 상담사(2급 이상), 한국상담심리학회·한국상 담학회·한국심리학회 및 산하 분과학회에서 발급한 상담 관련 자 격증 소지자에 한해 채용된다.

③ 한국청소년상담복지개발원 미디어예방중독센터

청소년의 핵심 문제 중 하나인 인터넷중독을 해결하기 위해 미디 어예방중독센터는 전국에서 운영되는 인터넷중독 사업을 관리하 며 치유 프로그램을 운영한다. 청소년상담복지센터는 시도 예산으 로 운영되며 240여 개의 기관이 있다. 인터넷중독 예방 및 치료사 업으로 인터넷중독 상담, 인터넷 치유학교, 인터넷중독 가족치유 캠프를 운영하며, 센터에 따라 진행되는 프로그램은 다를 수 있다.

지원기준은 상담복지 분야 석사 이상의 학위를 취득한 자, 상담 복지 분야의 4년제 대학을 졸업하거나 이와 같은 수준 이상의 학 력이 있다고 인정받은 사람으로 청소년상담복지 관련 실무경력이 1년 이상인 사람, 4년제 대학 졸업 및 이와 같은 수준의 학력이 있 다고 인정받은 사람으로서 청소년상담복지 관련 실무경력이 3년 이상인 사람, 청소년상담사, 청소년지도사, 사회복지사 자격증 소 지자에 한해 채용된다.

④ 지역 아이윌센터 www.iwill.or.kr

지역 내 인터넷·스마트폰 과의존에 어려움을 갖는 청소년을 대상으로 개인 상담, 가족 상담, 의료연계, 심리검사, 매체 치료, 찾아가는 상담, 집단상담 등을 진행한다.

지원기준은 상담 관련 전공 석사학위 이상, 청소년 상담사 2급·상담심리사 2급·사회복지사 1급·전문상담사 2급 이상 소지자에 한해 채용된다.

2) 도박 및 약물중독

① 한국도박문제예방치유원 도박문제예방치유센터 www.kcgp.or.kr

국무총리 소속 사행산업통합감독위원회에서 지역 대학교에 위탁하여 운영되며 한국도박문제관리센터 산하기관으로, 도박 상담 및 예방 교육을 진행한다. 그리고 관내 도박중독 치유상담사 양성과정과 도박문제 예방 강사 양성과정을 모집하는데 도박중독 치유상담사는 서비스 이용자의 다양한 욕구에 부합하는 도박중독 관련 전문적인 서비스를 제공하고, 도박문제 예방 강사는 생애주기별 대상(초·중·고등학생, 대학생, 학부모, 일반인 등)을 위한 찾아가는 맞춤형 예방 교육 진행 및 예방 교육을 할 수 있다.

② 중독관리통합지원센터 www.kaacc.co.kr

한국중독관리센터협회 소속 중독관리통합지원센터는 전국 50개소에 설치되어 있으며, 지역사회 안에서 중독문제(알코올, 도박, 약물, 인터넷)로 도움이 필요한 대상자들을 위해 중독관련 전문 상담 및 재활서비스를 제공하며, 관련 예방 교육을 세공한다.

지원기준은 정신건강전문요원 2급, 사회복지사, 간호사, 상담심리사, 임상심리사 자격증 소지자에 한해 채용된다.

8. 폭력 상담

1) 성폭력·데이트폭력

① 해바라기센터(위기지원형, 아동형, 통합지원형)

한국여성인권진흥원 성폭력방지본부가 지역 병원에 위탁하여 운영하고 있으며, 주 업무는 성폭력 피해자(주로 아동청소년)의 심리치료, 부모상담 및 치료, 예방 교육이다.

해바라기센터는 성폭력 · 가정폭력 · 성매매 피해자 대상 365일 24시간 상담 지원, 의료지원, 법률 · 수사지원, 심리치료지원 등의 서비스를 통합적으로 제공함으로써 피해자가 폭력피해로 인한 위기상황에 대처하고 2차 피해를 방지할 수 있도록 지원한다. 해바라기센터는 위기지원형(성폭력 · 가정폭력 · 성매매 피해자), 아동형(19세미만 아동청소년 및 지적장애인 성폭력 피해자), 통합형(성폭력 · 가정폭력 · 성매매 피해자/원스톱지원)의 3가지 유형으로 나뉜다.

지원기준은 사회복지학, 여성학, 심리학, 아동학 등을 전공하여 졸업한 자로서 관련 분야 석사학위 취득 후 1년 이상이거나 관련 분야 학사학위 취득 후 2년 이상 성폭력 또는 가정폭력 상담원으로 근무한 경력이 있는 자, 관련 분야 석사학위 취득 후 또는 2년 이상 학사학위 취득 후 3년 이상 상담기관에서 상근 상담업무에 근무한 경력이 있는 자, 성폭력·가정폭력 전문상담원 교육과정을 이수한 자에 한해 채용된다.

② 보건의료인력 인권침해 상담센터 www.nhis.or.kr

국민건강보험공단은 2020년 12월 보건의료인력지원전문기관으로 지정받고, 「보건의료인력 인권침해 상담센터」를 2021년 8월부터 운영하고 있다. 보건의료인력 인권침해 상담센터는 보건의료인력 및 의료기관 종사자를 대상으로 전문심리상담 및 법률·노무 자문, 인권침해 예방 및 대응 교육, 집단상담, 직무 스트레스 관리 프로그램 등 지원한다.

  지원기준은 상담 경력 3년 이상, 임상심리사 1급 또는 정신건강 전문요원(정신건강사회복지사·정신건강임상심리사·정신건강간호사) 2급 이상 자격증 소지자, 상담 관련 자격증(한국상담심리학회, 한국상담학회) 2급 이상 소지자에 한해 채용된다.

2) 가정폭력

① 가정폭력상담소 www.hotline.or.kr

가정폭력상담소는 (사)한국여성의전화 소속으로 가정폭력 피해자를 위해 상담 지원, 의료비 지원, 법률상담, 비공개전학 등 지원하고, 평등한 성문화를 만들기 위해 아동청소년, 학부모, 교사, 경찰, 기업 등을 대상으로 가정폭력 예방 교육, 가정폭력 전문상담원 교육(연1회, 100시간), 소모임 운영을 제공한다.

지원기준은 가정폭력전문상담원교육(100시간), 성폭력전문상담원교육(100시간) 수료한 자가 필수이고, 그 외 사회복지사 자격증을 소지한 자로 한해 채용된다.

② 아동보호전문기관 www.ncrc.or.kr

보건복지부 산하 아동권리보장원 소속 기관으로 전국 85개소가 있다. 아동보호전문기관은 피해아동, 피해아동의 가족 및 아동학대행위자를 위한 상담·치료 및 교육, 아동학대예방 교육 및 홍보, 피해아동 가정의 사후관리, 사례관리 등 학대를 받은 아동을 보호하기 위해 운영한다.

지원기준은 사회복지·가족복지·아동복지·상담학·심리학과 관련 전공자, 사회복지사 2급 이상 자격증을 소지한 자에 한해 채용된다.

③ 노인보호전문기관 www.noinboho.or.kr

보건복지부 위탁 기관으로 보건복지부장관 및 시·도지사가 노인학대예방사업을 목적으로 하는 비영리법인을 지정하여 중앙노인보호전문기관과 지역노인보호전문기관을 운영한다. 노인보호전문기관에서는 노인인권보호사업과 노인학대예방사업, 노인 인식 개선 교육, 노인자살 예방 교육 등 사업을 진행하고 있다. 그리고 상담 지원, 복지서비스 연계, 법률서비스 지원, 의료서비스 지원, 일시보호 서비스를 제공한다.

지원기준은 노인 인권 및 학대 업무 관련자, 석·박사학위 소지자, 사회복지사 자격증 소지자에 한해 채용된다.

9. 진로·취업·일자리 상담

1) 청년

① 서울시 청년활동지원센터 www.sygc.kr

서울시에 거주하는 청년들이 반복되는 일상 속에서 어려움을 경험하거나 도움이 필요할 때, 청년정책서비스를 제공받을 수 있도록 조력한다. 구체적으로 서울 청년 마음건강지원사업, 영케어러 케어 투게더사업(가족 간병 및 돌봄으로 인해 진학, 취업 등에 어려움을 겪는 가족돌봄청년을 발굴 및 지원) 진로모색 프로그램 등 제공한다. 그리고, 서울시 각 구마다 설치된 '오랑' 청년활동공간이 있어 거기서 상담을 받을 수 있는 '상담오랑'과 청년들의 소모임이 이뤄지는 '프로그램 오랑'을 제공한다.

② 일삶센터 www.13center.kr

서울시 노원구에서 예산을 받아 설치된 기관으로 청년들을 위해 청년 일경험 지원사업, 취약청년 역량강화사업, 은둔형 외톨이 사회화 지원사업, 1인 청년 관계형성사업을 하고 있다. 청년들에게 필요한 다양한 프로그램을 제공하며, 청년들의 진로 및 구직활동에 조력한다.

2) 노인

① 경기도노인종합지원센터 www.gg.go.kr/gnoincoun

경기도 노인 및 노인가족에게 전문적인 종합상담 서비스 제공 및 위기노인 지원을 제공하는 기관으로 경기도 내 63개소에서 24시간 365일 운영되는 노인상담전문기관이다. 경기도 노인 및 그 가족을 위해 전화상담, 내방상담, 찾아가는 상담, 매체상담을 활용하여 상담을 지원하며 그 외에도 맞춤형 사례관리, 집단상담, 교육 프로그램 등을 제공한다.

지원기준은 공인학회 전문상담사 2급 이상(한국가족치료학회, 한국상담학회, 한국상담심리학회), 사회복지사 자격증 소지자에 한해 채용된다.

② 서울시어르신취업지원센터 www.goldenjob.or.kr

서울시가 설립하고 서울노인복지센터 부설 서울시어르신취업훈
련센터로 운영하여 고령자 취업 직종의 수요에 맞는 전문 직무교
육과 취업교육, 취업전담인력 역량강화 프로그램, 일자리정보제
공, 취업상담 등을 제공한다.

③ 50플러스 상담센터 www.50plus.or.kr

50세 이상인 분을 대상으로 노인복지 및 건강증진, 취업 및 창업,
문화생활 등 지원서비스와 전문심리상담을 제공한다. 구체적으로
일자리 정보제공, 사회공헌형 일자리 사업, 경력전환 및 취업, 창
업지원, 교육 등을 제공한다.

10. 트라우마 상담

1) 정신건강

① 국가트라우마센터 www.nct.go.kr

재난이나 사고로 정신적 충격을 받은 재난 경험자의 심리적 안정
과 사회 적응을 돕기 위해 설치된 기관으로 2020년부터는 코로나
19 팬데믹 충격에 대응하기 위해 전국의 정신건강복지센터, 권역
트라우마센터와 함께 보건복지부 코로나19 통합심리지원단을 구

성하여 총괄 운영한다. 이곳에서는 심리지원을 위한 지침의 개발
및 보급, 심리평가·심리상담·심리치료, 트라우마에 관한 조사·
연구, 심리지원 관련 기관 간 협력체계의 구축을 한다.

② **직업트라우마센터 www.kosha.or.kr**

중대산업사고, 동료의 자살, 직장 내 괴롭힘, 직장 내 성희롱·성폭
력 등 충격적인 사고를 직·간접적으로 경험한 근로자가 트라우마
증상을 극복하여 일상생활의 회복을 위해 지원하는 기관이다. 직
업트라우마센터는 근로자건강센터 내 설치되어 있으며, 전국 13
개소에 설치되어 있고, 상담심리사, 전문상담사, 임상심리사, 정신
건강임상심리사 등 정신건강 관련 전문가들로 구성·운영한다. 구
체적인 서비스 지원은 직·간접사고 피해자의 심리안정화, 심리상
담, 외상후 스트레스 장애(PTSD) 예방, 사고 충격에 따른 심리안정
지속관리 등을 지원한다.

2) 경찰 마음동행센터

경찰 마음동행센터는 경찰 직무의 특성상 충격적 사건 현장을 목
격하거나 생명 위협 상황이 노출되는 등 고위험 상황에 노출되기
쉬운 경찰을 위하여 지역 병원과 MOU를 체결한 전문 치료기관이
다. 현재 전국 18개 센터가 운영 중이며, 경찰관에게 심리상담 및
치료, 심리검사 및 평가, 집단상담 등을 지원한다.

지원기준은 운전면허 소지자 필수(찾아가는 상담 진행 시), 상담심리사, 전문상담사, 임상심리전문가, 정신건강임상심리사 자격증 소지자에 한해 채용된다.

3) 소방심리지원단 찾아가는 상담실

소방공무원 심리지원관련 법률「소방공무원 보건안전관리 규정」제 19조~25조에 따라 소방관서의 장은 정신적·신체적 긴장 완화를 위해 소방관서 내 별도로 치유시설 및 상담공간을 설치하고, 소방공무원의 재난현장 활동에 따른 외상사건 노출 등으로 인한 정신질환의 예방 및 치료를 위한 대책을 마련하여 시행한다. 따라서 소방공무원 심리지원 관련 정책으로 심리상담 전문기관에서 소방서에 직접 방문하여 소방공무원을 대상으로 외상 후 스트레스 장애를 비롯한 정신건강 예방교육, 개인상담 및 치료지원, 소방관 고위험군 대상 사례관리 등을 실시한다.

지원기준은 정신건강관련 석사 학위 취득자, 임상심리전문가, 정신건강임상심리사, 상담심리사, 전문상담사 자격증 소지자에 한해 채용된다.

11. 상담심리사 채용정보 사이트

채용정보는 가급적 학회 홈페이지의 구인·구직란을 살펴보는 게 가장 좋다. 학회는 전문가들이 모인 공간이므로, 좋은 조건의 채용 정보가 많이 올라오기 때문에 비록 지금은 자격이 되지 않는다 하더라도 미리 정보를 살펴보며 지원조건을 갖추는 것도 좋은 방법이다. '아이소리' 사이트는 주로 병원이나 개인상담센터, 사회복지관에서 파트로 상담을 진행할 사람을 찾는 구인 정보가 많다. 주 대상이 아동청소년이므로 가급적 놀이, 미술, 음악 등을 매개로 상담을 진행할 수 있는 사람을 선호한다. 이외에도 자주 이용하는 상담 관련 채용정보 사이트를 적어 놓았다.

· 한국심리학회
· 한국임상심리학회
· 카운피아
· 아이소리

상담자의 발달 단계

상담자 발달 단계 모형과 발달 수준에 관한 내용은 권경인 교수님의 논문 〈상담자 발달모형과 상담자 발달연구의 최근 경향〉(2004)에서 발췌 및 인용하였다.

1. Hess의 상담자 발달모형

Hess는 기존의 주요 발달모형을 통합하여 시작(inception), 기술향상(skill development), 정착(consolidation), 상호성(mutuality)의 4단계 발달모형을 제시하였다.

시작단계에서는 상담자라는 새로운 역할을 접하면서 상담 기술이 무엇인지 깨달아 가고 상담에 필요한 물리적, 심리적 경계선을 설정하고 지켜 가기 시작한다.

기술향상단계에서는 상담 훈련을 통해 배운 이론적, 경험적 지식을 내담자 욕구에 맞게 적용하는 능력을 기르게 된다.

정착단계에서는 주로 이전 단계에서 습득한 지식들을 통합한다. 자신이 가신 특성 자실이나 소질을 인정받으면서 자신의 전분적 정체감의 일부가 상담 기술에 의해 규정된다는 것을 인식하게 된다. 상담 기술과 전문적 수행능력이 점차 정교화되고 숙달되며, 상담자 자신의 성격이 전문적 수행능력에 미치는 역할을 깨닫게 된다.

상호성단계에서는 상담자는 자율적으로 기능하는 전문인으로 성장하며 동료 전문가들과 상호 자문을 주고받는다. 창의적인 문제해결능력이 향상되는 반면, 소진과 발달정체가 올 수 있으므로 주의해야 한다.

2. Skovholt & Ronnestad의 8단계 발달모형

Skovholt & Ronnestad는 100여 명의 상담자들에게 면접을 실시하고 그 자료를 토대로 상담의 발달과정을 제시하였으며, 상담자의 발달을 인생 전체에 걸쳐 개념화하였다. 상담자의 전문성 수준이 높아짐에 따라 상담자의 경험에 구조적인 변화가 나타나면서 상담자의 능력과 기술에도 변화를 가져온다. 전문성 수준이 높아질수록 전문적 개별화 특징이 나타나며, 상담 스타일과 개념화 방식이 외부에서 내부 지향적인 형태로 변화하고, 지속적인 전문적 자기성찰이 핵심적인 역할을 하게 되며, 외부에서 받아들인 지식보다는 자기 구성적인 지식을 더 많이 사용하게 되고, 불안감이 감소한다.

발달단계는 인습적단계(conventional stage), 전문적 훈련기로 이행하는 단계(transitional of expert training stage), 대가모방단계(imitation of experts stage), 조건적자율성단계(conditional autonomy stage), 탐구단계(exploration stage), 통합단계(integration stage), 개별화단계(individuation stage), 개별성보전단계(integrity stage), 총 8단계로 구분하였다.

3. 상담자의 발달 단계

단계	1 단계	2 단계	3 단계	4 단계	5 단계	6 단계	7 단계	8단계
정의 및 기간	미훈련 상태 몇 년 걸릴 수 있음	대학원 첫해	대학원 중반	인턴십 6개월 ~2년	대학원 졸업 2~5년	2~5년	10~30년	1~10년
핵심 과제	자연스럽게 아는 것 사용	많은 출처의 정보를 동일시하고 실제에 적용함	실습 수준에서 전문가들을 모방, 상위수준에서 개방성 유지	전문가로서 기능	알려진 것 이상을 탐색	진정성 개발	깊이 있는 진정성	자기로 존재, 은퇴 준비
우세 정서	공감	열정과 불안	당황 이후 차분하고 일시적인 안심	가변적 확신	자신감과 불안	만족과 희망	만족과 고뇌	수용
영향의 우세한 원천	자신의 개인적 삶	새로운 정보와 과거정보의 많은 상호작용으로 압도된 듯한 느낌	수퍼바이저, 내담자, 이론/연구, 또래, 개인의 삶, 사회적 문화적 환경을 포함하여 복합적임	새로운 자료기초, 새로운 작업환경, 전문가로서 자신, 다른 복합적인 원천들	새로운 영향력, 다른 복합적 원천, 선배 전문가로서 자신		경험에 기반한 일반화와 축적된 지혜가 중요해짐, 초기 영향력의 원천들이 내재화, 선배전문가로서 자기	
역할과 작업 스타일	공감적 친구	실습과 이론을 맞추려고 고군분투, 확신 없고 변하기 쉬움	전문가 역할과 작업 스타일에서 엄격함의 증가	외적으로 부과된 전문가 스타일을 수정해감	외적으로 부과된 엄격성과 내적으로 부과된 느슨함이 혼합된 역할 및 작업 스타일	유능한 전문적 테두리 내에서 자아로 성장	자기 자신으로 존재	

단계	1 단계	2 단계	3 단계	4 단계	5 단계	6 단계	7 단계	8단계
개념적 견해	상식	이론적 개념과 기법을 배우는 데 급함	개념과 기법에 대한 세련된 숙달		초기에 수집한 이론적 개념에 대한 개인적인 거부	새롭게 나타나는 자신이 선택한 상승적, 절충적 형태	개별화 개인화 됨	매우 개별적으로 선택되고 통합됨
학습 과정	경험적	인지적 처리와 자기 성찰	모방, 자기성찰, 인지 과정	변화, 자기성찰, 인지 과정, 지속적인 모방	숙고	개인적으로 선택한 방법들		
효과 성과 만족도	대체로 효과를 가정, 관심 없음	가시적 내담자 개선과 수퍼바이저의 반응	내담자 피드백, 수퍼바이저의 반응	내담자 피드백과 수퍼바이저 반응에 좀 더 복잡한 관점	현실적이고 내재화된 범주 증가		현실적이고 내적임	심오하게 내적이고 현실임

나는 상담심리사입니다

초판 1쇄 발행 2014년 4월 18일
개정판 1쇄 발행 2023년 8월 25일
개정판 2쇄 발행 2024년 1월 10일

지은이   허지은
책임편집   서슬기, 양하경
디자인   박은진, 김한기, 이상재

펴낸곳   (주)바다출판사
주소   서울시 마포구 성지1길 30 3층
전화   02-322-3885(편집), 02-322-3575(마케팅)
팩스   02-322-3858
이메일   badabooks@daum.net
홈페이지   www.badabooks.co.kr

ISBN   979-11-6689-134-2 03180